سلسلة أرشيفات "المركز الدولي للدراسات والاستشارات والتوثيق"

إشراف: ممدوح الشيخ

اللائكية (العلمانية الفرنسية) والإسلام

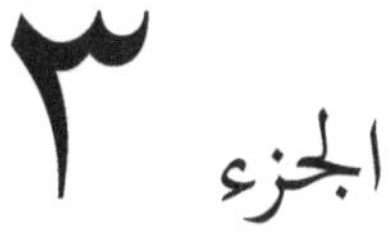

الجزء ٣

(مادة أرشيفية ٤٠ ألف كلمة)

سلسلة:

أرشيفات "المركز الدولي للدراسات والاستشارات والتوثيق"

إشراف: ممدوح الشيخ

اللائكية (العلمانية الفرنسية) والإسلام

الجزء ٣

المواد الواردة بالكتاب

هذه السلسلة ٥

بين الدين والعلمانية والحاجة إلى إعادة الاكتشاف ٧

الأحزاب السياسية.. اللائكية والإسلام ١٥

حوار العلمانية والإسلام ٢١

فرنسا ووهم الحصن المنيع ٢٧

البابا يثير سجالاً في فرنسا: العلمانية .. إيجابياتها وأصوليتها! ٣٥

العلمانية الفرنسية مشكلة وليست حلاً ... ٤١

النضال من أجل العلمانية في فرنسا ٥١

العلمانية الفرنسية ومفارقات الثورة والدولة والكنيسة ٥٧

علمانية فرنسا ٦٧

الجارديان: علمانية فرنسا تخسر أمام الإسلامين المتطرفين ٧١

الحجاب والنقاب بين علمانيتين ٧٣

ماكرون في خطاب التنصيب: مهمتي الدفاع عن علمانية فرنسا ٨٣

منال ابتسام .. اختبار علمانية فرنسا ٨٧

بابا الفاتيكان ينتقد علمانية فرنسا ويدافع عن المسلمة ٩١

اللائكية الفرنسية: التجانسية والجنسانية ٩٧

علمانية فرنسا منعت شيراك من استقبال توم كروز ١٠٧

ماكرون يذهب إلى الكنيسة: كيف يغازل الرئيس الشاب المشاعر الدينية؟
.... ١٠٩

العلمانية لا تستطيع أن تفصل فرنسا عن جذورها المسيحية ١١٣

بوصندل: منع الحجاب يعني الاضطهاد الديني لمسلمي فرنسا ١١٥

نظام التعليم في فرنسا (ظهور العلمانية واختفاء الدين) ١١٩

العلمانية .. صورة المجتمع المحايد ١٣٣

اللجوء إلى أوروبا: سجال بين جان دانييل وإدغار موران ١٥١

العلمانية المحايدة: حاجة في وجه التكفير ١٦٣

استطلاع: ٧٨ % من الفرنسيين ضد الحجاب بالجامعات ١٦٩

العلمانية الفرنسية ومعاركها التي لا تنتهي ١٧٣

الجدل حول العلمانية في عصر ما بعد العلمانية ١٧٩

أسهم فيه ٧٠ باحثاً .. تاريخ الإسلام والمسلمين في فرنسا منذ العصور الوسطى
.... ٢١٣

"سياسة الحجاب" الفرنسية التي تنفي الآخر ٢١٩

أوليفييه روا: الإسلام والعلمانية... أي استثناء فرنسي؟ ٢٣٣

إشكالية العلمانية في الفكر العربي المعاصر ٢٥٥

هذه السلسلة

هذا الكتاب إصدار جديد من سلسلة: "أرشيفات المركز الدولي للدراسات والاستشارت والتوثيق — مداد (مصر)"، وستصدر بمشيئة الله بالتتابع في ملفات مقسمة بحسب موضوعاتها. وهي خدمة نقدمها للباحثين والمؤسسات الأكاديمية والبحثية المهتمة بمختلف القضايا العربية. ولاحقاً، بإذن الله نوالي بمشيئته سبحانه وتعالى نشر ملفات قضايا أخرى منها: الهوية، الدولة، الجنس والجسد، ما بعد الدولة، .... وعشرات القضايا الأخرى. كما ستتضمن ملفاتنا شخصيات وتشكيلات حضارية وثقافية.

والمادة منتقاة بعناية وموثقة.

ويمكن التواصل مع المركز في شأن طلب ملفات بعينها عبر البريد:

mmshikh@hotmail.com.

كما يسعدنا تلقي ملاحظاتكم.

نسأل الله أن ينفع بها

مدير المركز (المشرف على السلسلة)

ممدوح الشيخ

بين الدين والعلمانية والحاجة إلى إعادة الاكتشاف(¹)

الحركات الدينية استطاعت أن تكون هاجساً يومياً لدى رجال السياسة والحكم

خالد يايموت

(¹) موقع جريدة الشرق الأوسط اللندنية – ٢٦ فبراير ٢٠١٨ م – رقم العدد [١٤٣٣٥] – الرابط:

https://aawsat.com/home/article/1186991/%D8%A8%
D9%8A%D9%86-
%D8%A7%D9%84%D8%AF%D9%8A%D9%86-
%D9%88%D8%A7%D9%84%D8%B9%D9%84%D9%85%D8
%A7%D9%86%D9%8A%D8%A9-
%D9%88%D8%A7%D9%84%D8%AD%D8%A7%D8%AC%
D8%A9-%D8%A5%D9%84%D9%89-
%D8%A5%D8%B9%D8%A7%D8%AF%D8%A9-
%D8%A7%D9%84%D8%A7%D9%83%D8%AA%D8%B4%D
8%A7%D9%81

* أستاذ زائر للعلوم السياسية جامعة محمد الخامس – الرباط.

أصبح الجدل المستمر في المدارس الاجتماعية والفلسفية الغربية المعاصرة بخصوص الدين والحداثة والعلمانية، واحداً من أبرز المواضيع التي يناقشها اليوم كبار المفكرين وعلماء السياسة والاجتماع المعاصرين. نظراً لطبيعة العلاقة الدائمة والملتبسة بين الدين والسياسة في الدولة الحديثة؛ فإن الأسئلة التي تطرحها عودة الدين، للنقاش السياسي، والانشغال المتزايد للرأي العام بقضايا الانتماء الديني وحقوقه السياسية، دفعت بعالم الاجتماع السياسي وفيلسوف العلمانية الفرنسي جون بيبيرو، للقول: **"إن ضبط مفهوم الدين هو من شأن السلطة ويجب أن يستبطنه كل لاعب ليتم القبول به، وإن تخصيص الدين بواسطة لائكيته لا تعني بتاتاً زوال التعبيرات الدينية من الفضاء العام"**.

وإذا كان مرسيل غوشي، وزميله فيليب بيرو، يقتربان في أطروحتهما فيما يخص صعوبة تجاوز الدين للحداثة والعلمنة؛ فإن عالم اجتماع التربية الفرنسي روجيه مونجو، يرد على هذه الأطروحة في مقالته الشهيرة التي نشرها سنة ٢٠١٢ بعنوان: **"اللائكية والمجتمع ما بعد العلماني"** مؤكداً، أن العلمنة تعيش في مأزق تاريخي. ويقترح الاستناد إلى المقترب العلمي الجديد الذي تبناه المفكر الألماني الشهير يورغن هابرماس،

٨

ونحته لمصطلح **"المجتمع ما بعد علماني"**، لتجاوز هذا المأزق. كما أن موبخو يضيف رداً على الفيلسوف جون بيبيرو، أن التأثيرات التي صنعتها العلمانية، وقدرتها على إزاحة الدين، أو ضبطه بطرق سلطوية قانونية، تحولت مع الوقت في ظل السيرورة الاجتماعية **"لعودة الديني"**، وليس انمحائه في الفضاء العام.

في هذا السياق يدافع عالم الاجتماع ستافو ديبوج، في كتابه الصادر سنة ٢٠١٣ **"الذئب في المرعى. الأصولية المسيحية تغزو المجال العام"**، عن وجهة نظر جدلية، حول المدرسة الخلقية الأميركية، ومناقشتها لعودة الدين للسياسة في أميركا، داعياً إلى رفض أطروحات من يسميهم بـ **منارات ما بعد العلمانية** من أمثال، المسيحيين الإنجيليين، نيكولاس والترستورف، وكريستوف أبريل، وستيفين كارتر؛ إضافة إلى هابرماس، وتشارلز تايلور، وجان مارك فيري. في كتابه هذا، يهاجم ديبوج أطروحة هابرماس، ويتهمها بشكل لا يستند إلى أدلة مقنعة، بكونها هي التي سمحت للدين بالعودة **للمجال العام**، مشيراً لما يشكله ذلك — حسب رأيه — من خطر يجب التعامل معه.

وعليه يقترح ستافو ديبوج، في كتابه المشار إليه أعلاه خطوتين مركزيتين، الأولى: **"ألا نهاجم بتهور كبير علمانية المجال العام السياسي، حتى ولو لم نرفض الفروق بين الإيمان والمعرفة؛ وبين العقول الدينية والعقل العام، وبين الأخلاق الدينية والقوانين الوضعية"** (ص١٠). أما الثانية فتتعلق، بما يعتبره المنزلق الخطير الذي تطرحه مقاربة،

حرية الدين في الفضاء العام؛ وعليه يتبنى ديوج طرحاً تسلطياً قريباً جداً من المذهبية الفلسفية **العلمانية الفرنسية**.

بل إنه يحاجج بشكل آيديولوجي، نظرية **الفضاء العام**، وما بعد **العلمانية**، ويعتبر هذه الأخيرة "**تقوم على الرغبة في رفع جميع القيود عن التعبير على المعتقدات الدينية في المجال العام، فإنها ــ ما بعد العلمانية ــ مفيدة جداً لنظرية الخلق ولحركات رجعية أخرى مسوقة باسم العقائد الدينية. فهذه أمثلة على ما تقصده ما بعد العلمانية بانفتاح المجال العام بشكل تام على المعتقدات الدينية، التي يقول كثير من الكتاب بشرعيتها الكاملة للتعبير من غير تحفظ، وأن لها الحق في أن تؤسس بنفسها قرارات سياسية ملائمة للجميع، ومؤثرة على كل فرد أي كان**".

من جهته يرى عالم الإنتربولوجيا طلال أسد، أستاذ علم الاجتماع في **جامعة كولومبيا** الأميركية، في كتابه: "**تشكلات العلمانية في المسيحية والإسلام والحداثة**"، أن إشكالية عودة الدين للفضاء العام، رغم ما يثيره من مخاوف ناتجة أساساً عن الطابع الآيديولوجي للفكر الغربي العلماني المتلبس بالأنسنة والعقلنة المتحيزة. فإن ما يهمنا في الحقل الإنتربولوجي، هو كون العلاقة بين البحث في الدين والعلمانية، في حاجة لإعادة الاكتشاف وتجاوز المآزق الكثيرة التي هيمنت على العقل العلماني العلمي؛ والمرتبط بالخصوص بالنظرة الإبيستمولوجية للدين.

"فنادراً ما أبدى الإنثروبولوجيون اهتماماً بفكرة العلماني، على الرغم من أن دراسة الدين كانت في صلب اهتمامات الحقل منذ القرن التاسع عشر. وتظهر مجموعة من مقررات الدراسة في عدد من الكليات والجامعات حول إنثروبولوجيا الدين المعدة مؤخراً من أجل الجمعية الإنثروبولوجية الأميركية اتكالاً كبيراً على موضوعات مثل الأسطورة والسحر والعرافة واستخدام المهلوسات والطقوس كعلاج نفسي ... توحي هذه الموضوعات المألوفة معاً بأن "الدين"، والذي موضوعه المقدس، يقع في نطاق اللاعقلاني. أما العلماني، حيث تقع السياسة والعلم الحديثان، فلا يظهر في هذه التوليفة. كما أنه لم يعالج في أي من النصوص التقديمية المعروفة جيداً. على أنه من شائع المعرفة أن الديني والعلماني مرتبطان بشدة، سواء في فكرنا أو في الطريقة التي ظهرا بها تاريخيّاً. فينبغي لأي علم يسعى إلى فهم الدين أن يفهم أيضا العلماني. وتحتاج الإنثروبولوجيا، وهي العلم الذي سعى إلى فهم غرابة العالم غير الأوروبي إلى أن تدرك كليّاً ما دلالة أن تكون في آن واحد حديثةً وعلمانية".

ومن هنا لا بد من النظر لقضية العلاقة بين الدين والسياسة في الغرب اليوم على أساس اعتبار العلمانية مذهباً سياسياً يستلزم الفصل بين المؤسسات الدينية والحكومية. فالعلمانية كما يراها الفيلسوف الكندي تشارلز تايلور عميد الفلاسفة المعاصرين في مجال الفلسفة السياسية والأخلاقية "ليست مجرد حل فكري لقضية دوام السلام الاجتماعي

١١

والتسامح، بل هي بمثابة قانون يقوّم الوسط السياسي، أي تمثيل المواطنة من خلاله، بالسمو على الممارسات الذاتية التي تهدف إلى التفرقة والتمييز عن طريق الطبقة الاجتماعية، والنوع الاجتماعي، والدين".

ما يجب الانتباه إليه، هو أن طلال أسد يسجل أن حصار العلمانية للدين تاريخياً، لم يؤدِ لزواله، وأنه لم يختفِ إطلاقاً في الساحة العامة السياسية، رغم الخفوت الذي أصابه إلى حدود ثمانينات القرن العشرين. أما اليوم فالقضايا الدينية السياسية لم تعد قضايا خاصة بأقلية مؤمنة، ولا هي منحبسة في "**الغرف المغلقة**"؛ بل إن الحركات الدينية استطاعت أن تكون موضوعاً يومياً لدى رجال السياسة والحكم والإعلاميين، ورجال الفكر والمعرفة البحثية. وكل هذا لا يدعونا فقط لمراجعة العلمانية وتصوراتها، ولكن للنظر بشكل متجدد لدور كل من الدين والعلمانية في الحياة الفردية و**الفضاء العام**. ويبدو أننا اليوم نعيش تراجع ما يطلق عليهم عالم الاجتماع الديني، الأميركي رودني ستار بـ "**أنبياء العلمانية**". فمع بداية القرن العشرين، كان الرأي العلمي السائد هو مزاعم اقتراب موت الدين.

لكن في الواقع، اليوم، تحولت هذه الأطروحة التي تزعم العلمية، لمجرد أسطورة، رسمت مساراً علمياً ملتبساً حول الدين، في جانبه الطقوسي والاعتقادي، ودوره في المجال العام السياسي. لقد كان أول رد تلقته هذه "**الأطروحة الأسطورة**"، من عالم الاجتماع ديفيد مارتن في بحث له عن

الدين والعلمنة سنة ١٩٦٥؛ وخلص فيه أنه لا يوجد أي دليل علمي يؤكد أن العالم ينتقل من مرحلة دينية نحو مرحلة علمانية، أي ما سماه ديفيد **"من مرحلة الدينية في الشؤون الإنسانية إلى مرحلة علمانية".**

خلاصة

خلافاً للفكر السكوني العربي المحتر لأدبيات القرن التاسع عشر، المتعلقة بالحداثة والعلمنة. نلاحظ أن الفكر السياسي الغربي منذ ثمانينات القرن العشرين، وهو يجري كثيراً من المراجعات والنقد لأطروحات الحداثة حول الدين والعلمانية، بما يتناسب والعودة القوية للدين في الفضاء العام. وإذا كان هذا حال المدارس الغربية المختلفة كما بينا بإيجاز أعلاه؛ فقد أصبح لزاماً على الباحثين العرب النظر في قضية عودة الدين، وانتشار حركات الإسلام السياسي على ضوء النقاش الحالي الدائر في الغرب، ضمانا للتعايش في مجتمع متعدد، يعتبر فيه الدين مؤثراً على السياسة ونظام الحكم. كما أن مواكبة هذا النقاش المراجع لعلاقة الدين بالحداثة والعلمانية، تجد مبررها في البيئة العربية التي يخلق فيها، الاتصال بين الدين والسياسة نزاعات دموية ومذهبية بالغة الخطورة والتعقيد. مما يشجع على عودة الدين والحركات الدينية للمجال السياسي، وظهور بعضها بمظهر متشدد.

الأحزاب السياسية.. اللائكية والإسلام(٢)

١ نوفمبر ٢٠١٣ م

رقم العدد: ١٢٧٥٧

سعيد بنسعيد العلوي – كاتب وأكاديمي مغربي

ما العلاقة الموجودة أو الممكنة التي يفترض العنوان وجودها بين الأطراف الثلاثة المذكورة؟ لنوضح، في سبيل الإجابة عن السؤال، أن السؤال يتعلق تحديداً بالحياة السياسية التي يصح نعتها بالحياة السياسية الطبيعية، أي تلك التي تفرضها طبيعة الوجود الاجتماعي للبشر في زمن معلوم وفي مكان معلوم وفي شروط تاريخية محددة. والجواب يستوجب أن

---

(٢) موقع إسلام مغربي – الرابط:

http://www.islammaghribi.com/archives/2012-09-13-
10-29-13/2013-07-30-12-13-39/2242-2013-11-01-10-15-
33.html

نمهد له بتوطئة ضرورية نجتهد فيها، في اختصار وتركيز شديدين، توضيح دلالات الألفاظ الثلاثة: **الحزب السياسي، الإسلام، اللائكية.**

بعيداً عن لغة القواميس السياسية المعتادة نقول، إن الحزب السياسي هو التعبير المعنوي عن إرادة جماعات من الناس تربط بينهم وحدة في التصورات والأفكار السياسية، تبلورها عقيدة واضحة الأركان وتوحد بينهم الرغبة في الوصول إلى أهداف مشتركة خدمة للمثل الأعلى السياسي الذي يؤمنون به جميعاً، وسعياً لتحقيق البرنامج السياسي الشامل الذي يعتقدون أنه الأفضل بالنسبة للبلد الذي ينتمون إليه، وذلك في حقبة زمنية محددة. وإذن فالحزب السياسي يكون هو الطريق الشرعي من أجل الوصول إلى امتلاك السلطة التنفيذية بغية تنفيذ برنامج معلوم، كما أن الحزب السياسي يكون في مقابل ذلك الإطار الشرعي أيضاً للتعبير عن رفض برنامج تعترض عليه، وبالتالي فالحزب يرتبط بالممارسة السياسية ويكون مدرسة مفتوحة لتكوين كفاءات سياسية قادرة على تحمل المسؤولية السياسية في البلد الذي تنتمي إليه مثلما أنها تكون قادرة على مراقبة برنامج الخصم السياسي والاعتراض عليه.

لنقل، في عبارة جامعة، الحزب السياسي تعبير عن فكرة سياسية تفرغ في برنامج سياسي قابل للتطبيق ضمن الشروط التي تحددها القوانين القائمة في بلد من البلدان، ومدرسة للتكوين السياسي المستمر، ومجال مشروع لممارسة السياسي، وتعبير عن قيام الحياة السياسية الطبيعية في بلد من البلدان.

أما الإسلام فنقصد به، من جهة أولى، الدين الإسلامي من حيث إنه عقيدة تضبطها بمجموعة من القواعد أساسها الإيمان والتصديق وتشريع تضبط مبادئه وكلياته أصول أدلة الأحكام (تلك التي تؤول بدورها إلى أصول الفقه). كما نقصد بالإسلام، من جهة ثانية، بمجموعة المنتسبين إلى الملة الإسلامية بغض النظر عن اجتماعهم في مكان محدد معلوم أو وجودهم في مناطق متفرقة من العالم قد يكونون فيها أغلبية منسجمة، وقد يشكلون أقليات تنتسب إلى الوطن أو إلى الجهة من العالم التي يعيشون فوق ترابها. وإذن فإن النسبة تكون، أولاً وأساساً، إلى الدين الإسلامي.

أما الشأن في **اللائكية** فهو في ثقافتنا العربية الإسلامية أقل وضوحاً وأكثر مدعاة للغط وسوء الفهم. من الناحية المعجمية يفيد اللفظ بقيام الانفصال بين السلطتين الزمنية والروحية على النحو المعروف في الديانة المسيحية وفي التنظيم اللاهوتي، وهذا الأمر يقتضي بدوره شيئين اثنين؛ أولهما وجود الكنيسة (باعتبارها رابطة أو جامعاً يضم بمجموعة المنتسبين إلى الديانة المسيحية على أساس الانتساب إلى أحد المذاهب المسيحية العظمى التيارات الكاثوليكية، البروتستانتية، الأرثوذكسية، والإنجليكانية)، وثانيهما وجود سلطة روحية، تراتبية ومنظمة ترجع إلى السلطة الكنسية، هي سلطة الإكليروس أو السلطة الكهنوتية كما يقال في العبارة العربية الشائعة. والنتيجة هي وجود عالمين اثنين متمايزين تمايزاً كلياً هما: العالم المدني (أو السلطة المدنية) والعالم الديني، واللائكية هي الحال التي جرى الانتهاء إليها عقب صراعات طويلة وثورات كبرى في تاريخ

الغرب الأوروبي مما لا يتسع المجال للخوض فيه. يمكن القول، في نتيجة أولاً، إن الحزب السياسي – نشأة وفلسفة – وليد طبيعي منطقي للنظام اللائكي الذي جرى الانتهاء إليه في التاريخ وهو ثمرة سيرورة نشأة العقد الاجتماعي وانبثاق الدولة الحديثة، وإذن فالعلاقة بين **اللائكية** والحزب السياسي علاقة طبيعية منطقية من جهة، وواضحة في المجتمع الإنساني الحديث من جهة أخرى.

متى تقرر هذا فإن سؤالاً مزدوجاً يطلع علينا: ما الصلة بين الإسلام **واللائكية** من جانب أول، وما الصلة بين الإسلام والحزب السياسي من جانب ثان؟

لنبدأ بمعالجة السؤال في شقه الثاني، لا للسهولة النسبية التي يبدو للوهلة الأولى أنه يتضمنها، وإنما لأن في الجواب عنه تمهيدا للجواب عن الشق الثاني وتضميناً للجواب في الآن ذاته.

الواقع أن نسبة الحزب السياسي إلى الإسلام (على النحو الذي أخذنا فيه بتعريف كل من الإسلام والحزب السياسي) نسبة يلفها الخطأ من كل صوب وحدب: قد يكفي أن نقول إن مجال السياسة هو الصراع من أجل امتلاك السلطة التنفيذية، فهو صراع يقوم بين برامج سياسية متعارضة، والبرنامج السياسي لا شأن له، في واقع الممارسة الفعلية بالارتقاء إلى مستوى الاعتقاد الديني وإنما هما مستويان منفصلان متمايزان، وليس من شرط الاختلاف في الرؤية والبرنامج السياسيين أن

١٨

يكون اختلافاً في الدين والعقيدة. إن الأمر لا يستدعي الاتفاق ولا يقتضي الاختلاف والجمع بينهما في صعيد واحد لا يخلو من المغالطة، أي من الخداع الذي تملك الآيديولوجيا أن تنفك منه (كما في عبارة علماء الكلام المسلمين). وليس أدل على ذلك من أن الحزب السياسي، من حيث هو كذلك، يقبل أن يجتمع فيه أشخاص توحد بينهم رؤية سياسية واحدة دون أن يملك الاختلاف في الاعتقاد الديني أن يفرق بينهم — وهذا من البديهيات التي تتعذر البرهنة على صحتها.

نقول، مرة أخرى، متى تقررت العلاقة بين الحزب السياسي والوجود الاجتماعي والسياسي للبشر على النحو الذي لمحنا إليه، فنحن نملك أن نقول إن العلاقة بين الإسلام (كما وقفنا عند تحديد دلالته أعلاه) واللائكية (من حيث هي تمايز بين عالمين يقتضي أحدهما الصراع على البرامج السياسية، وهذا هو مجال السياسة وغايتها الفعلية في الوجود السياسي الحديث، كما يحدد ذلك الفقه الدستوري المعاصر) لا تقبل أن تكون علاقة تناف لسببين اثنين على الأقل: أولهما أن الإسلام يخلو من الكنسية، ولا وجود لها فيه، بل ولا مكان فيه للكهنوت أو الإكليروس، والأصل في الدولة في الإسلام أنها **قضية مصلحية**، كما يذهب إلى ذلك المتنورون من علماء الإسلام والمرجع فيها الإفادة من تجارب الأمم والشعوب، والأمر الثاني أن أصل الاختلاف التاريخي في الفكر الغربي، وهو قيام الدولة الدينية، فهذه لا أصل لها في الإسلام على نحو ما اجتهدنا من هذا المنبر في القول في ذلك أكثر من مرة واحدة.

١٩

حوار العلمانية والإسلام[3]

٨ أبريل ٢٠١١

جاءت ندوة **حوار الإسلام والعلمانية في فرنسا** (الثلاثاء الماضي الخامس من أبريل ٢٠١١) في وقت حرج للوطن العربي المنشغل بثوراته وباحتجاجات المواطنين من أجل الإصلاح في عدد كبير من بلدانه.

فلم يحظ انعقاد الحوار باهتمام عربي أو إسلامي، وقد توجس مسلمو فرنسا من دعوة الرئيس الفرنسي إلى هذا الحوار، بعد أن عبر عن ضيقه بفشل التعددية في المجتمع الفرنسي، وبعد أن طالب حزبه **(اتحاد من أجل حركة شعبية)** أن يسعى لسن قوانين تكبح جماح النمو الإسلامي

---

[3] موقع جريدة الاتحاد الإماراتية – الرابط:

http://www.alittihad.ae/wajhatdetails.php?id=5

8488

لعدم توافقه – كما يرى – مع النظم العلمانية، ولم يخف الرئيس الفرنسي ضيقه من صلاة بعض المسلمين في ساحات عامة، ومن صوت المؤذن حين يدعو إلى الصلاة، وعبر عن أسفه لغفلة فرنسا حين فتحت أبواب الهجرة منذ الثمانينيات، ورأى أن التصدي الذي قوبل به النقاب يجب أن يليه التصدي لمظاهر إسلامية أخرى من أهمها منع خطبة الجمعة باللغة العربية، وبالطبع لم يشر إلى كون الكنائس المسيحية تستخدم اللغة اللاتينية والكنس اليهودية تستخدم العبرية، وكان متوقعاً ألا تحضر قيادات دينية مسيحية ويهودية بعد أن أعلن ممثلو الديانات الست في فرنسا رفضهم للمشاركة، إلا أن الندوة انعقدت وغاب عنها المسلمون الفرنسيون كما غاب رئيس الوزراء الفرنسي.

وكان مثقفون فرنسيون من مختلف الاتجاهات قد أبدوا آراء مهمة في الندوة على مدى أسابيع قبل انعقادها، عبر بعضهم عن خوفه من أن تتحول إلى حوار ضد الإسلام، وتساءل كثير من المفكرين والصحفيين: **(لماذا الإسلام وحده يهدد العلمانية في فرنسا دون بقية الأديان؟)** واستغرب بعضهم أن تستخدم فزاعة التخويف من الإسلام في فرنسا كما تستخدم في الوطن العربي الذي تساند فرنسا ثوراته، وتدعوه إلى التقدم نحو التعددية والديمقراطية والاعتراف بالآخر وعدم الإلغاء والإقصاء، وكان من الضروري أن يحتمي المسلمون **بالعلمانية الفرنسية** ذاتها، وأن ينادي الرافضون لمعاداة الإسلام باحترام قانون ١٩٠٥ الذي يفصل بين الكنيسة، والدين ويجعل الدولة حامية للدين، لكن ساركوزي يريد أن يثير نقاشاً

حول هذا القانون ذاته، ومنذ أن كان وزيراً للداخلية أصدر عام ٢٠٠٤ كتاباً بعنوان: "**الجمهورية، الديانات، الأمل**".

ويومها كانت فرنسا تستعد للاحتفال بمئوية القانون الذي يعتز به العلمانيون في فرنسا، كانت الأسئلة التي وجهت إلى ساركوزي يومها تدور حول الهدف من إعادة النقاش حول العلمانية، أهو لمراجعة العلمانية ذاتها أم لصناعة إسلام فرنسي؟ ولم يغب عن بال المعارضين يومها ولا يغيب اليوم دور الهاجس الانتخابي عند ساركوزي، ولكن تخصيص الحوار حول الإسلام يدعو إلى تأمل موقف الرئيس فرغم علمانيته يؤكد في كتابه: "**حوارات**" بأنه كاثوليكي بالثقافة والدين والتقاليد، ويعلن أن التدين يجعله منسجماً مع الذات والهوية ومع الجذور التاريخية، وهو يؤمن بأننا لا يمكن أن نربي الشباب على القيم المادية وحدها، بل قال في كثير من حواراته إن الدين عنصر مهم من عناصر الحضارة والتمدن والحياة العامة، وقبل حملته الأخيرة على الإسلام دعا ساركوزي إلى التمييز الإيجابي الذي يفتح أمام المسلمين اندماجاً أكبر في الحياة العامة وفي السياسة.

وهذا الاضطراب في الموقف جعل كثيراً من المفكرين والإعلاميين يتساءلون في عناوين بارزة (ماذا يريد ساركوزي؟)، وبوسعي أن أفهم من موقع العربي المسلم قلق الرئيس الفرنسي وتخوفه من سعة انتشار الإسلام في فرنسا، فقد قمت ذات يوم قريب بحوار فكري من موقع رسمي مع عدد من مثقفي فرنسا في باريس شارك فيه عشرات، وتناولنا سلة من القضايا الراهنة كان أبرزها قضية المسلمين في فرنسا.

٢٣

ولكن المجاملات الدبلوماسية جعلت بعضهم يخفي ما لديه من قلق، فلما خرجنا من قاعة الحوار تابعت مع أحد كبار المشاركين في حوار ثنائي ما كنا نتحدث حوله فلم يخف امتعاضه حين قلت له: (إنني سعيد بأن تكون فرنسا الحاضنة لليونسكو والداعية للتعددية تفسح للمسلمين حرية، قد لا يجدونها في بعض أوطانهم، قال، لكننا قلقون، قلت: مم؟ قال لقد انتصرنا على الغافقي في معركة بواتيه، وإذا كانت الجيوش تراجعت فإن الإسلام تقدم، قلت له: أرجو ألا يقلقك ذلك، فليس الإسلام وحده جاء من بلادنا، أنت تعلم أن المسيحية جاءت قبله من بلادنا، ومنها أيضاً جاءت اليهودية، وكذلك جاءتكم العلمانية من الأندلس المسلمة، فأنت لابد تعلم أن الفيلسوف المسلم ابن رشد هو مؤسس العلمانية، وهذا ما يعرفه كل فلاسفة فرنسا)، ولا يتسع المجال هنا للاستفاضة في تفاصيل الحوار، رغم أنه يواكب ما يدور من حوار الآن في باريس.

وبالطبع لم تكن ندوة أبريل ٢٠١١ أول ندوة تثير قضية الإسلام في فرنسا، فقد عقدت في العام الماضي ندوة بعنوان: "ضد أسلمة فرنسا"، وييدو مهماً أن يقف ممثلو الأديان مدافعين عن العلمانية، فقد أصدروا بلاغاً مشتركاً يدعو لوقف السجال، وهو يحمل ذات مضمون البيان الذي أصدرته ست وعشرون جمعية علمانية، أكدت فيه أنه لا مكان للنقاش حول الإسلام أو أية ديانة أخرى، وليس من حق الجمهورية أن تفتش في ضمائر الناس وعقائدهم. وقد كتبت المفكرة اليهودية

الفرنسية "**إيستر بن باسة**" مقالة في "**اللوموند**" تدعو إلى ندوة مناهضة لندوة ساركوزي، ومن الواضح أن الإسلام بات الموضوع الشاغل لأوروبا كلها، ولفرنسا بشكل خاص لأن الإسلام هو الديانة الثانية فيها، حيث يبلغ عدد المسلمين بين ستة وسبعة ملايين.

وما يلفت الانتباه إقبال الشباب على اعتناقه وقد سمعت أحدهم يقول للقناة الفرنسية إنه يشعر بالحاجة الماسة لبناء منظومة أخلاقية، ولجرعة روحية في عالم قست عليه المادية الجافة، ولئن كنت شخصياً أرجو ألا يبالغ أحد من المسلمين في مظاهر سطحية أو شكلية تثير الآخرين، أو في نقل أفكار متزمتة يصعب تقبلها اليوم في العالم الإسلامي (ومن باب أولى أن يثير ذلك قلق الفرنسيين والأوروبيين عامة)، إلا أنني أذكر المتشددين من كل جانب بضرورة أن يفرقوا بين التعصب للفكر، وبين تقديم المثال الأنصع له في الحياة اليومية، فقد انتشر الإسلام في عدد من بلدان آسيا بفضل ما أبرز التجار المسلمون من أخلاق سامية وسلوك حضاري، ومن تسامح هو جوهر الإسلام، فأحبه الناس ودخلوا في دين الله أفواجاً.

فرنسا ووهم الحصن المنيع(⁴)

مجلة الجديد

أبو بكر العيادي

كاتب من تونس مقيم في باريس

[١ /٤/ ٢٠١٨، العدد: ٣٩، ص (١٤٩)]

لقد مثلت نهاية القرن العشرين لحظة إحساس إنساني عميق شهدت ظهور عدة منظمات غير حكومية، إلى جانب تعاطف السياسات الوطنية والدولية مع القضايا الجارحة التي تمس البشر في بقاع كثيرة من العالم، ولكن الوضع تغيّر منذ مطلع القرن الواحد والعشرين، وناب عن التسامح والتعاطف عهدٌ أمنيّ اتبع الزجر والمعاقبة في شتى

(⁴) موقع مجلة الجديد – الرابط:

http://aljadeedmagazine.com/?id=2527

المجالات، ومراكمة قوانين الطوارئ، واتخاذ إجراءات قمعية ما كان يتصوّر أحد حدوثها في بلد حقوق الإنسان.

عندما نرى أفواج المهاجرين الذين يحاولون عبور المتوسط للفرار من البؤس والعنف يُمنعون ويُعادون من حيث جاؤوا أو يُعاملون من قبل الموظفين معاملة قاسية، نكاد لا نصدق أن فرنسا كانت، وما بالعهد من قدم، تُشرع أبوابها للاجئي القوارب القادمين من جنوب شرق آسيا، وأن الرئيس الأسبق جيسكار ديستان نال عن ذلك **جائزة نانسن** التي تسندها **مفوضية الأمم المتحدة لشؤون اللاجئين**، حين كان ثمة إجماع على ضرورة نجدة الفارين من الأخطار المحدقة. أما اليوم، فقد انقلبت الموازين، وصار إنقاذ الأرواح المهددة حيثما كانت، أو مساعدتها بأي شكل من الأشكال سواء بإيوائها أو إطعامها، يعرّض صاحبه للمحاسبة أمام القضاء.

في كتاب: "**الحياة ― طريقة استعمال نقدية**"، يكشف الباحث والطبيب وعالم الاجتماع ديدي فاسّان، التحول التراجيدي للقيم الديمقراطية، ويتساءل بعد أعوام من البحوث الميدانية في أماكن كثيرة من العالم عن تفاوت الحيوات من حيث قيمتها، ويضرب مثلاً عن مهاجر صادفه في مخيم للاجئين مطل على بحر المانش صار يعرف بـ "**غابة كالي**"، خاط شفتيه ورفع لافتة كتب عليها: "**أنا أيضاً إنسان**"، ويرى أنها رسالة قوية لا تذكّر فقط بالمعالجة الشاذة المنحرفة التي يلقاها بشر "**خُلقوا ― مبدئياً ― أحراراً ومتساوين في الحقوق**"، بل بالبون الشاسع بين القيمة

٢٨

العليا التي يوليها الفرنسيون للحياة بشكل مجرّد، وبين القيمة المتعلقة بـ "حيوات" ملموسة.

وفي رأيه أن مبادئ المساواة والحرية والإخاء لم تعد سوى مجرّد شعارات ما دامت بلاده لا تحترمها، وأن الاستهانة بأرواح آلاف الضحايا الذين يبتلعهم المتوسط كل عام، رغم قربهم من فرنسا جغرافياً وتاريخياً، تقيم الدليل على وجود تراتبية في قيمة الحيوات؛ **"تراتبية بحسب المسافة التي نخلقها مع أولئك البشر، لا من منظور كيلومتري بل من منظور أنثروبولوجي، لأنهم يبدون لنا "آخرين". لون بشرتهم، نمط عيشهم، شكل حياتهم ... كل ذلك يجعلنا نتمثّلهم أناساً لا ينتمون تماماً إلى مجموعتنا الأخلاقية. ومن ثَمّ لا نملك تجاههم سوى أشكال قصوى لروابط هشة"**، كما يقول.

وينتقد فاسّان تمييز الحكومة الفرنسية بين اللاجئين الذين تنبغي حمايتهم، وبين المهاجرين الذين ينبغي إبعادهم، معتبراً أن ذلك خديعة. أولاً؛ لأن دراسة أسباب الارتحال من بلد المنشأ تبيّن أن العنف السياسي والصعوبات الاقتصادية متضافرة في الغالب، وأنه من الوهم الاعتقاد بأن ضباط **المكتب الفرنسي لحماية اللاجئين وعديمي الجنسية وقضاة المحكمة الوطنية لحقّ اللجوء** يملكون الحقيقة في هذا المجال، ويستطيعون التمييز بين من يستحق ومن لا يستحق.

ثانياً؛ عندما نلاحظ ما يجري على أرض الواقع، سواء على الحدود الإيطالية أو في "**غابة كالي**" أو في شوارع باريس، لا يبدو أن رجال الأمن يميزون بين طالبي اللجوء والأجانب الذين هم في وضع غير قانوني، فهم لا يطلبون أوراق هوية النائمين في خيام تحت الجسور قبل أن يطلقوا عليهم الغازات المسيلة للدموع، ويهدموا خيامهم ويمزقوا أغطيتهم. ما يعني أن ثمة استهتاراً في معالجة أوضاعهم وفي إنكار تلك المعالجة التي قد تصل حدّ معاقبة من يمدون للغرباء مساعدة تبخل بها الدولة عليهم.

ومن الظواهر الغريبة التي سجلها فاسّان منذ أواخر القرن الماضي أن الدولة، التي ضربت حصاراً على الهجرة حتى أن عددَ من سوّيت وضعياتهم من طالبي اللجوء السياسي تراجع بنسبة تسعين في المئة، صارت تسمح بتسوية وضعيات الأجانب المصابين بمرض عضال لا يمكن علاجه في بلد المنشأ.

أي أن فرنسا تولي الجسد المريض أهمية أكبر من الجسد المضطهد، وتقدم بذلك الحياة المادية على الحياة السياسية، فتغدو الحياة البيولوجية التي يشهد عليها محترفو القطاع الصحي أكثر مصداقية من الحياة البيوغرافية التي يسردها طالبو اللجوء. وما ذلك إلا تصوير حي لظاهرة أعمّ كانت حنا أرندت نبهت إليها منذ نصف قرن في كتابها: "**وضع الإنسان المعاصر**"، ونعني بها أولوية الحياة كواقع بيولوجي على الحياة كواقع اجتماعي.

من جهته، يؤكد عالم الإثنولوجيا والأنثروبولوجيا ميشيل أجيي، وأحد المساهمين في **ندوة الكوليج دو فرانس**، أن الناس، في عالم يزداد انفتاحاً، سوف يتنقلون بأعداد متزايدة، ويخطئ من يظن أنه يمكن أن يبقى منغلقا على نفسه لا يقبل أحداً، لأن ذلك محض أوهام. وأجيي يتحدث حديث العارف الملم بالموضوع، قد عهدت له **الوكالة القومية للبحث** منذ أبريل ٢٠١٧ بوضع برنامج: "**المدينة كحدّ**" يضم تحت إشرافه ثلاثين باحثاً بغرض دراسة الأشكال العملية لاستقبال المهاجرين. وفي هذا الإطار استطاع أن يحدد ثلاثة أنواع من الوضعيات.

عندما يعبر المهاجر البحار والغابات والصحاري، يكون تائهاً، في حركة دائمة. عندما يستقر في مخيم أو في ملاذ مهجور، يستعيد صفة المنبوذ القديم، ذلك الذي يُقصى ليعيش على هامش القبيلة والمجتمع. ثم يصبح مستأمناً أجنبياً مقيماً في غير بلده عندما يعمل في المطاعم أو في حظائر البناء أو المزارع، مع الإبقاء على وضعيته غير القانونية. التائه والمنبوذ والمستأمن يقع صدّهم عند حدود البلدان والمدن والمجتمعات ... عندئذ. يقول أجيي، "**أي عندما يصيرون محصورين بين تلك الحدود الإدارية والاجتماعية أو الحضرية، يصبحون مواضيع سياسية**".

وفي رأيه أن السوريين والعراقيين والإرتريين والسودانيين والماليين، خلافاً للجمهوريين الإسبان في ثلاثينات القرن الماضي، أو لاجئي القوارب الآسيويين في السبعينات، ينظر إليهم كبشر لا يحملون قضية سياسية مشتركة، وغالباً ما يوصفون بكونهم سلبيين تتقاذفهم الأحداث، ولا

يريدون غير النفاذ بجلدهم، دون أن يكون لهم أي التزام سياسي. وهو معنى الشعار الذي يرفعه اليمين واليمين المتطرف عن **"المهاجرين الذين لا يقاتلون للدفاع عن وطنهم"**.

وتلك رؤية خاطئة يقع فيها حتى من يتعاطفون مع المهاجرين، وينسون أنهم كائنات سياسية، قادرون أن يرسموا وينجزوا أعمالاً مشتركة للدفاع عن مطالبهم التي تتجاوز مصيرهم نفسه، سواء في بلدانهم الأصلية أو في أماكن الهجرة. يقول أجيي **"ينبغي أن نعترف بوجود حظيرة سياسية في كالي أو فينتيميلّا أو ليسبوس أو سواها من الحدود المنيعة تطالب بالتضامن والتفاوض، ليس فقط على الصعيدين الإنساني أو الأمني اللذين يثيران التعاطف والاستنكار أو الخوف والصّدّ"**.

وأمام المدّ الشعبوي الذي اجتاح أوروبا، ولم تسلم منه فرنسا، لم يعد بوسع الحكومات إلا التماهي مع المواقف الساعية إلى سدّ الأبواب في وجوه المهاجرين، أيّا ما كانت الدوافع، والتنديد بمن خالف تلك القاعدة، والحجة دائماً أن **"فرنسا لا يمكن أن تستقبل كل بؤس العالم"**، كما صرح إمانويل ماكرون، متمثلاً قولة كان نطق بها ميشيل روكار رئيس الحكومة الاشتراكية في عهد الرئيس ميتران لتبرير سياسة التشدد إزاء المهاجرين، وإن اختار الرئيس الجديد فرز المهاجرين السياسيين من المهاجرين الاقتصاديين، أي بتسهيل اللجوء السياسي نسبياً، وتضييق الخناق على طالبي الشغل.

وهو ما أثار غضب شريحة واسعة من المثقفين من بينهم جان ماري غوستاف لو كليزيو، الفائز بجائزة نوبل للآداب عام ٢٠٠٨، الذي اعتبر الفرز نكراناً لا يحتمل لإنسانية المهاجرين، وتساءل كيف يمكن التمييز بين من يستحقون الاستقبال لأسباب سياسية، ومن لا يستحقونه، وكيف يمكن التفرقة بين طالبي اللجوء بسبب الأخطار التي تتهددهم في بلدانهم، وبين الهاربين من بلدانهم لأسباب اقتصادية.

هل الموت جوعاً ويأساً وخذلاناً أخف وطأة من الموت تحت سياط طاغية؟

أليس الطغاة الذين غالباً ما ساندتهم فرنسا وامتدحتهم وفتحت لبعضهم حدودها حين أزيحوا من الحكم عنوة، هم الذين يهددون حياة مواطنيهم الأشد فقراً؟ ثم هل يملك أولئك العابرون خياراً؟ أولئك الذين يلقون بأنفسهم في الطرقات ويقطعون الصحاري ويركبون البحر على متن زوارق بائسة، ويعبرون الجبال في عز الشتاء وليس لهم من الكساء غير ألبسة بلدانهم الحارة ... كيف لا نفهم أن الطريق التي ساروا فيها هي تمزُّقٌ مؤلم، فهم يتركون خلفهم كل ما هو غال لدى كل إنسان، بلد النشأة والآباء والأجداد، وحتى الأطفال في بعض الأحيان لكونهم طِرَاء العود لا يحتملون الأسفار الشاقة؟

إذا كان الجور والقمع والتعذيب وجهاً من وجوه الحرب، فإن حياة الفقر والجوع والحرمان في نظر لو كليزيو هي أيضا حالة حرب، والذين يغادرون أوطانهم ليسوا لاجئين ولا طالبي لجوء، بل هم هاربون من

الجحيم. ولكن السياسة وحش بارد، كما يقول، فهي تتصرف وفق قوانين وتعليمات لا تحسب حساباً للمشاعر الإنسانية.

ولذلك يحذر من إقامة حدود ذهنية أشدّ ظلماً من الحدود السياسية، والتعود على "**بؤس العالم كله**" وكأن الغرب يعيش في جزيرة باذخة، منيعة محصنة، ينظر بعين عالم الحشرات إلى سكان الضفاف البائسة يتخبطون وتختنق أنفاسهم في البؤس والخصاصة دون أن يحرّك ساكناً، ويذكّر بأن الإمبراطوريات التي قامت على الظلم والقهر والاستعباد والاحتقار لم تعمّر طويلاً، إذ انهارت من الداخل، لأنها كانت فاسدة، تحتكم لحماية الجيش والتشريعات الجائرة، دون أن تملك نظرة إنسانية تجاه الآخر، بل كانت تستأثر بكل شيء دون رغبة في التقاسم والمشاركة.

البابا يثير سجالاً في فرنسا: العلمانية .. إيجابياتها وأصوليتها!(⁵)

فرنسا العلمانية غاضبة. الرئيس نيكولا ساركوزي يقود الفرنسيين إلى جدال غير متوقع عن الإيمان، ومكانة الدين في المجتمع

محمد بلوط

(⁵) نقلاً عن: جريدة السفير — الرابط:

http://www.aljaml.com/%D8%A7%D9%84%D8%A8%
D8%A7%D8%A8%D8%A7%20%D9%8A%D8%AB%D9%8A
%D8%B1%20%D8%B3%D8%AC%D8%A7%D9%84%D8%A
7%D9%8B%20%D9%81%D9%8A%20%D9%81%D8%B1%D
9%86%D8%B3%D8%A7%20%D8%A7%D9%84%D8%B9%D
9%84%D9%85%D8%A7%D9%86%D9%8A%D8%A9%20%D
8%A5%D9%8A%D8%AC%D8%A7%D8%A8%D9%8A%D8%
A7%D8%AA%D9%87%D8%A7%20%D9%88%D8%A3%D8%
B5%D9%88%D9%84%D9%8A%D8%AA%D9%87%D8%A7

زيارة البابا بندكت السادس عشر إلى فرنسا انتهت، لكن السجال في ركابها لا يزال في بدايته. قداسته، واظب ثلاثة أيام بعدها، على الطَّرق على **العلمانية الفرنسية** والتذكير بتاريخ ما قبلها: **الجذور المسيحية لفرنسا.**

في الإليزيه، وفي قداس الهواء الطلق، في ساحة الأنفاليد، وعند مندلف مغارة الظهور في مدينة لورد، إحياءً للمئة والخمسين لظهور العذراء على الراعية برناديت سوبيرو، استغل نعت ساركوزي للعلمانية، التي يدعو إليها بـ **"الإيجابية"**، مفترضاً ما مضى منها سلبياً، كي يقتحم أبواب النقاش المغلقة بين الكنيسة والدولة، حول العلمانية التي أزاحت الدين من الحيز العام بقانون منذ قرن.

بندكت السادس عشر، **"البروفسور"**، لقبه المحبب لدى المؤمنين، تفضيلاً للمثقف فيه المساجل، على هالة خلافته للقديس بطرس في روما، رمى بقنابله السجالية ومضى تاركاً وسائل الإعلام، والأحزاب والمثقفين، والماسونيين في خلاف: **"الكنيسة لا تريد أن تأخذ مكان الدولة، والفاتيكان يحترم خصوصية فرنسا"**، لكن ذلك ليس سوى المقدمة الحذرة، ليتابع في ما يثير: **"يجب أن نبرز الجذور المسيحية لفرنسا، وأن نعثر على سبيل جديد، لكي نترجم في الواقع، ونحيي يومياً، القيم الأساسية، التي قامت عليها هوية الأمة"**، وتنزلق متفجرته الأخيرة: "مع رئيسكم تحدثنا عن تلك الإمكانية".

بندكت انتقى من كلام ساركوزي، ما قاله قبل عام تقريباً في روما، وتجاهل عمداً، ما استجد في الإليزيه عندما غرس الرئيس الفرنسي، إلى جانب **الجذور المسيحية لفرنسا**، إرث الأنوار والعقل، في حقل تكوّن الأمة.

وفضل ما سمعه منه في روما عندما كانت العلمانية في خطابه آنذاك **"عاجزة عن قطع فرنسا عن جذورها المسيحية، أتمنى أن تأتي علمانية إيجابية، في سهرها على حرية التعبير والإيمان أو عدم الإيمان، لا تعتبر الدين خطراً بل ميزة"**.

ورغم التباين الذي أنشأه الرئيس بين خطابين على العلمانية، إلا أن نعته العلمانية بـ **"الإيجابية"** كان كافياً لإطلاق السجال. محترفو القتال ضد الكنيسة في الصف الأول، الحركات الماسونية، والتي يحيط بعض أعضائها بدوائره الاستشارية، قالوا للرئيس في بيانهم **"العلمانية لا تحتاج إلى نعت، إلا إذا كانت الغاية منه تغيير طبيعتها، وليس لها أن تكون لا إيجابية، ولا منفتحة، وهي مكتفية بنفسها"**.

فرانسوا بايرو، الكاثوليكي المؤمن، كان في عداد من حضروا قداس لورد البابوي، لم يفهم مع ذلك **"لماذا كان على الرئيس أن يستقبل البابا في الإليزيه، كما أن نعت العلمانية بالإيجابية لتغيير طبيعتها، العلمانية وهي رفض الخلط بين طبائع مختلفة"**.

ولساركوزي الفرد، عند الأمين العام **للحزب الاشتراكي** المعارض فرانسوا هولاند، أن يؤمن بما شاء **"لكنه كرئيس للجمهورية لا يحق له أن يستعرض إيمانه"** ليساجل في السياسة أولاً مع ساركوزي، **"إن اليمين الفرنسي يسعى بهذه التسميات، إلى استعادة القاعدة المسيحية المحافظة، وخطب ود مسلمي فرنسا، ولا جدال في رغبتهم بالاعتراف بالهوية الدينية"** .. ولا جدال أن استذكار الرئيس المتكرر لمسيحية فرنسا الرئيس، رسالة تتجاوز دلالاتها الفلسفية والظرفية، والجدال بين مثقفين، إلى السياسة المباشرة.

فاستدعاء **الجذور المسيحية لفرنسا**، والمخاطرة بإحياء الحرب بين العلمانية والكنيسة التي سكنت القرن التاسع عشر ومطالع العشرين، يكسب الرئيس وحزبه، معركة اجتذاب ما تبقى لجان ماري لوبن المسيحي القومي، ما تبقى من قاعدته الانتخابية، كما أنها تدغدغ الكاثوليك المحافظين، الذين يجدون في خيارات الرئيس الشخصية، منبراً لآرائهم.

وقوله الذي يترجم بأن مجتمعاتنا الحديثة عاجزة عن توفير الأمل للأفراد ومعنى الحياة لأفرادها، حمل إليه رداً من هولاند: **"إن ذلك يعني أن مجتمعاتنا من دون الله، مهدّدة بالانحطاط، بالمادية والقدر الذي لا مردّ له، إن إيثار الغير على الذات، وتسامي الأفراد، ليس حكراً على الأديان".**

وفي غياب مثقفين كاثوليك، وصمت الرئيس بعدما أدلى بدلوه، يتولى مؤرخون ونواب ووزراء المساجلة، دفاعاً وهجوماً: جان لوك مالنشون، يسار الاشتراكي، وجد إيجابية العلمانية الرئاسية "**بدعة من البابا**". ماكس غالو، اشتراكي سابق، إلا أنه منظر التحول الساركوزي اليوم قال "**ولا غرو أن لفرنسا جذوراً مسيحية، والعقل قاعدة مجتمعنا إلا أنه يصطدم بحدود، ويجب أن يتحاور مع الإيمان، إلا إذا اعتقدنا بعبثية الحياة البشرية**".

جان لوك للوفيغر، المتحدث باسم حزب الرئيس وجد أن "**الصورة التي يعطيها هولاند ومالنشون، لا تسامح فيها، وتشكل إهانة لكل المسيحيين المؤمنين في فرنسا**". وزيرة البيئة ناتالي كوزيسكو موريزيه أعادت ردها على هجوم الاشتراكيين والمعارضة، إلى خوف فرنسي من كل تطرف، فالذين وصموا علمانية الرئيس الإيجابية بالبدعة "**سلفيون متطرفون في علمانيتهم، ففي العلمانية أصوليون، كما في الدين**".

العلمانية الفرنسية مشكلة وليست حلاً ...(٦)

رفيق عبد السلام
باحث في جامعة وستمنستر – لندن.
٢٤ سبتمبر ٢٠٠٣

في غمرة ما يشهده العالم العربي وأرض الإسلام الواسعة من مظاهر التوتر والاضطراب السياسي والديني، بدأ ينشط بعض الأقلام

---

(٦) جريدة الحياة اللندنية – الرابط:

http://www.alhayat.com/article/1180856/%D8%A7%D9%84%
D8%B9%D9%84%D9%85%D8%A7%D9%86%D9%8A%D8%
A9-
%D8%A7%D9%84%D9%81%D8%B1%D9%86%D8%B3%D9
%8A%D8%A9-
%D9%85%D8%B4%D9%83%D9%84%D8%A9-
%D9%88%D9%84%D9%8A%D8%B3%D8%AA-
%D8%AD%D9%84%D8%A7-nbsp

العربية لترويج مقولة **العلمانية الفرنسية**، باعتبارها الدواء السحري لآفة التعصب الديني وتأسيس ثقافة التسامح والسلم المدني، مكتفين بالاستنجاد غالباً ببعض التعريفات البسيطة للعلمانية على نحو ما تفصح عنها القواميس الفرنسية غير المختصة أصلاً. وعلى رغم ان المرء لا يمكنه أن يغمض عينيه بالكامل عما يجري في المجتمعات الإسلامية من مظاهر التطرف ونزعات التكفير الديني، وحتى الاعتداء على الآخرين واهدار دمهم بمسوغات دينية، قد اكتوى ويكتوي بنارها مسلمون وغير مسلمين على السواء، إلا أنه يبدو لي أن الاستنجاد بالحل العلماني الفرنسي أشبه ما يكون بمن يريد أن يستجير من الرمضاء بالنار، أي التداوي بداء أشد من الداء المراد التداوي منه. وحسبنا هنا أن نشير إلى بعض الأبعاد الملازمة **للعلمانية الفرنسية:**

العلمانية الفرنسية لم تكن حيادية ازاء شؤون الدين والمجتمع المدني عامة لأنها كانت من طبيعة جذرية مقاتلة، وذات وجهة معادية للكنيسة الكاثوليكية خاصة وللدين عامة، فقد كان من أول القرارات التي اتخذها رجال **الثورة الفرنسية** الحاق الكنيسة بالدولة وتأميم ملكياتها، وتحويل رجالاتها الى موظفين رسميين يتقاضون رواتب معلومة ضمن المهمات الموكولة اليهم رسمياً، بما لا يختلف كثيراً عن أي موظف في أجهزة الدولة. وحتى حينما اضطر نابليون بونابرت إلى إبرام معاهدة وفاقية مع البابوية في روما معاهدة ١٨٠١ والتي اعترف بموجبها بكون الكاثوليكية ديناً لغالبية الفرنسيين، فقد كان ذلك مشروطاً بجعل الكنيسة في خدمة

الدولة وأجندتها الخاصة. ولحق ذلك شيوع مناخات الرعب ومحاولة اقتلاع الكنيسة من منابتها و"**تطهير**" المجتمع الفرنسي عامة من المظهر والمؤثرات المسيحية، واتسع ذلك أكثر مع عودة البوربون وتحويل ما سمي وقتها بـ: **الارهاب الأبيض** إلى إرهاب قانوني مؤسسي تقوم على إنفاذه مؤسسات الدولة الرسمية. اقترنت **العلمانية الفرنسية** بقدر غير قليل من التسلط السياسي والجذرية الجامحة.

وتتأسس **العلمانية الفرنسية** على وطأة ثقيلة وواسعة النطاق للدولة، وتقوم هذه النزعة التدخلية الواسعة على دعامتين نظريتين: أولاً اعتبار الدولة العلمانية ضمانة الوحدة والنظم الاجتماعيين، بحكم قدرتها "**الخارقة**" على تجاوز الانقسامات الاجتماعية والقيمية التي تنخر الجسم السياسي، ومن ثم قدرتها على التعبير على المصلحة العامة والمجردة، وتتأسس هذه الفكرة بدورها على تقليد أنواري مبكر يشدد على شفافية السياسي، وقدرته على "**بلورة**" الإرادة الكلية.

فقد اعتبر جان جاك روسو الدولة الإطار المعبر والمجسد للإرادة الكلية للمواطنين، وهي إرادة ناظمة ومتعالية في الوقت نفسه عن مجموع المصالح الفردية والجزئية، كما أعاد الفيلسوف الألماني هيغل استلهام هذه الفكرة في مرحلة لاحقة في القرن التاسع عشر من خلال تشديده على فكرة الدولة الكلية المجردة والجامعة والفضائل السياسية والأخلاقية، والقادرة في الوقت نفسه على ضمان وحدة المجتمع المدني المنقسم على نفسه في المصالح والمعايير الأخلاقية. ثانياً الدولة عند العلمانيين الفرنسيين ليست

مجرد اداة لإدارة الشأن العام بل هي "**صوت الأمة**"، وموضع حلول العدالة الكاملة والخير الأعظم، ما يعطيها مشروعية التدخل لفرض قيمها وتصوراتها المفترض فيها أن تكون القيم العامة والكلية للمجتمع.

هذا ما يفسر فشل رجالات **الثورة الفرنسية** في ما نجح في أقرانهم من رجالات الثورة الأميركية. فبينما عمل الفرنسيون على وضع السلطة — بما في ذلك في تعبيرها الأكثر كثافة: الدولة — وضعها فوق المجتمع، واعتبارها الضامن الأكبر لقيمة الحرية، فإن الأميركيين حافظوا على درجة عالية من التحفز والتحوط من غائلة السلطة، ومن ثم عملوا على وضع أكثر ما يمكن من الحواجز والكوابح أمامها، مع السعي إلى تحويل مركز الثقل من الدولة الى الوحدات الصغرى للمجتمع المدني، مستفيدين من فكرة مونتسكيو في توزيع السلطات والحد من تمددها أكثر من أقرانهم الفرنسيين.

تراهن **العلمانية الفرنسية** على إخلاء المجال العام من سيطرة الدين وملئه بالقيم الثقافية الدهرية، وتعد المدرسة والمؤسسات التعليمية عامة من أهم أذرعها في اشاعة هذه الثقافة. فالمدرسة عند العلمانيين الفرنسيين ليست بمجرد فضاء للتعلم أو لصقل مواهب الطفل وتهذيب حسه المدني، بقدر ما هي الحقل المثالي لإعادة صنع طبيعة ثانية لدى الطفل تقتلعه من المحيط الاجتماعي والأسري، إذ يراهن العلمانيون على تغيير بنية المجتمع من خلال أدوات المدرسة، ولذلك تتوجس **العلمانية الفرنسية** من كل مظاهر التعبير الديني سواء في شكله المؤسسي أو حتى

الفردي. هذا ما يفسر المعركة الشرسة التي أثارها حدث بسيط — ربما لا يثير مجرد التساؤل في الولايات المتحدة الأميركية وبريطانيا وبعض البلاد الأوروبية الأخرى — وهو إصرار بعض الفتيات المسلمات على ارتداء الحجاب داخل مدارسهن، فقد نظر الى هذه الظاهرة باعتبارها تهديداً لقيم العلمانية برمتها، الأمر الذي يستوجب تدخل الدولة بكل ثقلها، وهي ظاهرة ما زالت تشق المؤسسة السياسية والفكرية الفرنسية إلى يومنا هذا، وما زالت تثير معارك ساخنة لا يهدأ لهيبها بعد.

فـ **العلمانية الفرنسية** لا تكتفي بتحرير السياسي من سيطرة الكنيسة بل تراهن على مقارعة الدين عامة وطرده من الفضاء العام لتحل محله "**القيم العلمانية الصلبة**"، وهنا تحل المدرسة محل الكنيسة في إعادة صوغ الوعي الفردي والجماعي. فقد كتب فردينان بويسون في معرض دفاعه عن مشروعية **المدرسة العلمانية** بديلاً عن **المدرسة الكنسية** زمن **الجمهورية الثالثة** سنة ١٩١٢ ما يلي: "**إن للكنيسة معقوليتها الخاصة، ومن ثم ليس أمام المرء إلا أن يكون معها أو ضدها، كما أن المدرسة العلمانية هي الأخرى ليست شيئاً بلا اسم أو شخوص محددة، وبالتالي على المرء أن يختار بين المدرسة العقلانية أو المدرسة الإكليروسية لأن لا توجد منطقة وسطى بينهما**".

والثقافة السياسية الفرنسية على نحو ما تشكلت في مبدأ العلمانية ومرادفها الجمهورية قامت على نزوعات جذرية مدمرة لا تعرف معاني التوسط والوفاق، ويبرز ذلك جلياً من خلال صعود **اليعاقبة** وتحويلهم

الساحة السياسية والثقافية الفرنسية إلى ساحة حرب مفتوحة في إطار ما سمي وقتها: **سنوات الرعب** أو ما سماه روبسبيير: **إرهاب الحرية**، وحال الرعب هنا لا تعني مجرد حقبة من حقب الثورة الفرنسية — خصوصاً تلك التي تمتد بين مجازر أيلول سبتمبر ١٧٩٢ حتى سقوط روبسبيير في تموز يوليو ١٧٩٤ — بقدر ما هي نمط كامل في إدارة الحكم وفي تصور السياسي قد لازم الثورة، أي نمط الحكم الذي يستدعي القوة والحسم الجذري باسم ادعاءات حداثوية وتنويرية. وفعلاً كانت مخاوف الفيلسوف الإنكليزي المحافظ إدموند بورك في محلها حينما كتب في وقت مبكر، وقبل أن يكتمل مشهد الثورة على صورته النهائية، سنة ١٧٩٠ قائلاً إنه "يتوقع **للفرنسيين رحلة طويلة وشاقة في عالم الفوضى وحلكة الظلمة".**

يجب التنبيه هنا إلى أن **العلمانية الفرنسية** تعتبر حالاً خاصة وفريدة من نوعها حتى مقارنة بالتاريخ السياسي الأوروبي والأميركي، خصوصية تستمد ملامحها العامة من سياقات التجربة الفرنسية ذاتها، فلا ننسى هنا أن هذا الدور المركزي الموكول للدولة الجمهورية ليس إلا استمراراً وتكثيفاً لدور هذه الدولة في صنع الأمة، خلافاً لكثير من البلدان الأوروبية الأخرى التي كانت فيها الدولة استجابة لاحقة لتشكل الأمة، إلى حد القول أن تاريخ فرنسا الحديث هو بدرجة أولى تاريخ الدولة الصاهرة والصانعة للأمة القومية. فكل ما فعلته **الثورة الفرنسية** كان تعميق هذه الأبعاد التسلطية المختزنة في التاريخ السياسي الفرنسي، ففرنسا مثلاً حاولت أن ترأب التصدعات التي خلفتها الحروب الدينية للقرن السادس

عشر عبر إقامة ملكية إطلاقية ومركزية غير مسبوقة، في حين أن الإنكليز حاولوا تجاوز مخلفات الحروب الدينية، وثورتي ١٦٤٠ و١٦٨٨ عبر توسيع سلطة البرلمان والمؤسسات الوسيطة، مع التخفيف من وطأة الملكية، ففي الوقت الذي ألغى فيه لويس الرابع عشر اتفاقية نانت سنة ١٦٨٥ الاتفاقية التي تم بموجبها الاعتراف بحقوق البروتستانت صادق البرلمان الإنكليزي، وبعد أربع سنوات فقط على **مرسوم التسامح الديني**.

قد يقول البعض إن ما فعلته **الثورة الفرنسية** هو الضريبة الضرورية لدخول عالم الحداثة السياسية، ولكن، ما يسفه هذه الدعوى قدرة شعوب أخرى كثيرة في العالم الغربي نفسه على نهج مغاير وأكثر هدوءاً وتوازناً، وتقدم التجربة الأميركية مثالاً على ذلك في هذا الصدد، من جهة المكانة المهمة التي يشغلها الدين في الحياة الخاصة، والروح العامة للمجتمع، أو من جهة مستوى التسامح مع الأقليات الدينية والعرقية.

الثابت في كل ذلك أن التجربة الفرنسية التي كانت نتاج ثورة صاخبة وإرث كنسي كاثوليكي ثقيل تمثل الاستثناء لا القاعدة. بل إن النموذج العلماني الفرنسي ولد مأزوماً ومتوتراً منذ البداية بسبب الوهم الذي لازم هذه الثورة، وهو وهم البداية الجذرية والعام الصفر بحيث يخيل لأصحاب الثورات أن بمقدورهم تغيير وجه العالم وإعادة بناء طبيعة إنسانية جديدة، وأنهم خلف بلا سلف وأبناء بلا آباء، ويبدو أن الكاتبة الألمانية حنة أرندت كانت محقة حينما بينت، في معرض مقارنتها بين الثورات الحديثة، أن سر نجاح **الثورة الأميركية** في إقامة حياة مدنية مستقرة وهادئة

خلافاً **للثورة الفرنسية** إنما يعود الى تخلص الآباء المؤسسين للثورة الأميركية من فكرة القطيعة الجذرية والبداية من صفر، فقد تصور هؤلاء مهمتهم عبارة عن استئناف وإحياء لروما القديمة وأثينا اليونانية الأمر الذي مكّنهم من الإفادة من الخزان التاريخي وتجنب أخطاء ومطبات سابقيهم، وكذلك إقامة علاقة متوازنة بالمخزون الديني المسيحي، في حين أن أقرانهم الفرنسيين أرادوا شن حرب لا هوادة فيها على ما سموه: **"مملكة الظلام"**، فحولوا السياسة تبعاً لذلك إلى ساحة حرب واستقطاب بين الخيارات القاطعة والجذرية.

إن جذور الانحراف الإرهابي الذي لازم **الثورة الفرنسية** يكمن في تصور رجالاتها للزمن ولحركة التاريخ الذي تتموضع فيه حادثة الثورة ولعالم السياسة عامة، فقد نظروا إلى الثورة باعتبارها تمزقاً مطلقاً في نسيج الزمن، كما راهنوا على إقامة نظام اجتماعي من الصفر على أنقاض النظام القديم، وهكذا حولوا السياسة من مجال إدارة الممكن إلى حقل تجريبي خيالي للتطلعات والأحلام من خلال تقاطع نزعة بنائية وإرادية لا علاقة لها بالواقع وممكناته.

ويواجه النموذج العلماني التدخلي ضربين من الضغط الفكري متأتيين من التقليد الأنغلوسكسوني الذي بدأ يلقي بثقله على الكثير من رجال الفكر والساسة الفرنسيين: اولاً من جهة التيار الليبرالي الذي يشدد على حيادية الدولة في مجال الثقافة، معتبراً إياه مجرد حكم لا حق له في التدخل في مجال القيم وأنماط حياة الأفراد والجماعات، وقد لعب الجيل

الجديد من الليبراليين، أمثال جون رولز، وإلى حد ما روبرت نوزك، دوراً حيوياً في تجريد الدولة من ادعاءاتها الشمولية.

الأول من خلال تمييزه بين حقلي الخير والعدل، فالدولة عنده تقوم على نشر العدل ولا تدخل في المعايير الأخلاقية والجمالية الخير — الشر والحسن — القبيح، والثاني من خلال تبنيه لنظرية الحد الأدنى من الدولة، وإعطاء أوسع الصلاحيات الممكنة للمجتمع المدني.

أما التيار الثاني فهو ما يسمى: **المدرسة الجماعتية** Communitarianism التي تدافع عن حماية الخصوصيات الثقافية للمجموعات الثقافية والعرقية التي ينصهر داخلها الفرد، مع العمل على كف يد الدولة عن فرض نمطية ثقافية موحدة. وقد تزامن هذا الضغط الفكري مع ضغط واقعي متأت من التعدد الثقافي والديني الذي فرض نفسه على فرنسا بعد الحرب العالمية الثانية، بسبب حركة الهجرة التي جلبت معها تعدداً في انماط العيش ومسالك التفكير والاعتقاد، ولعل هذا ما حدا ببعض المفكرين الفرنسيين أمثال جون بوبيرو للدعوة إلى صوغ ما سمّاه بعقد علماني جديد، ما يجعل الدولة أقل تدخلية وأكثر حيادية في مجال الخيارات الثقافية والأخلاقية.

النضال من أجل العلمانية في فرنسا[7]

رافاييل هداس ليبيل
مؤلف كتاب: "مائة كلمة وكلمة حول الديمقراطية الفرنسية".

رئيس الغرفة الاجتماعية التابعة لمجلس الدولة.
أستاذ مساعد بمعهد الدراسات السياسية في باريس.
١٩ ديسمبر ٢٠٠٥

([7]) موقع جريدة الغد الأردنية – الرابط:

http://alghad.com/articles/550702-
%D8%A7%D9%84%D9%86%D8%B6%D8%A7%D9%84-
%D9%85%D9%86-%D8%A3%D8%AC%D9%84-
%D8%A7%D9%84%D8%B9%D9%84%D9%85%D8%A7%D9
%86%D9%8A%D8%A9-%D9%81%D9%8A-
%D9%81%D8%B1%D9%86%D8%B3%D8%A7

إنه لمن عجائب القدر أن تستعد فرنسا حالياً للاحتفال بالذكرى المئوية لصدور قانون التاسع من ديسمبر ١٩٠٥ الذي قضى بفصل الكنيسة عن الدولة، في نفس الوقت الذي أخذت الاضطرابات تعكر الصفو الذي كانت تنعم به مدنها. لكن العواطف المتأججة كانت تحيط دوماً بالدور الذي لعبته الكنيسة والدور الذي لعبته الدولة طيلة التاريخ الفرنسي، حتى ولو لم يتمكن أحد من إقامة الدليل على وجود رابطة مباشرة بين أحداث الشغب الأخيرة وبين ما يسمى بـ **العلمنة الفرنسية.**

يرجع الصراع القائم بين الكنيسة والدولة للفوز بالسيادة السياسية إلى العصور الوسطى، حين سعى قضاة فيليب لابيل إلى فرض **"سلطة ملكية"** على **الكنيسة الكاثوليكية الرومانية** في فرنسا. وبعد قرون من الزمان قامت الثورة الفرنسية التي قدمت لفرنسا حرية العقيدة والدين.

لقد ساعدت السرعة التي انتشرت بها الميول المناهضة للسيادة الإكليريكية الدينية أثناء الفترة الثورية من التاريخ الفرنسي في إفساح الطريق أمام نشوء علاقات أكثر توازناً بين الكنيسة والدولة، والتي تجسدت في الاتفاقية البابوية التي تمت في عام ١٨٠١ بين نابليون والبابا بايوس السابع — وما تزال هذه الاتفاقية سارية في الألزاس وأجزاء من اللورين حتى اليوم.

ولقد أدى الدور الذي لعبته الكاثوليكية بين عامة الناس إلى توليد معارك قاسية طيلة القرن التاسع عشر بين أنصار رجال الدين وبين خصومهم، وهو ما عكس بدوره صراعاً أكثر عمقاً بين أنصار الجمهورية

وبين الأطراف التي كانت تنادي بالعودة إلى النظام القديم. ومع بجاح الجمهورية في ترسيخ أقدامها منذ ثمانينيات القرن التاسع عشر برزت إيديولوجية علمانية سعت إلى تحرير مؤسسات الدولة — النظام التعليمي في المقام الأول — من سلطان رجال الدين.

اتسمت محاولات علمنة النظام التعليمي بمعاركها الطاحنة، والتي تبعتها بعد ذلك المعركة ضد الجماعات الدينية. ومع الأحداث المتفجرة التي صاحبت **قضية درايفوس**، تجلت المسألة الدينية على نحو أوضح من أي وقت مضى باعتبارها قضية سياسية كبرى.

وعلى هذا فقد جاء قانون ١٩٠٥ — الذي اعتبره العديد من الناس النص المؤسس **للعلمانية الفرنسية** — كنتاج لعملية تاريخية طويلة. وعلى الرغم من أن هذا القانون قد يبدو وكأنه إعلان للحرب على الدين، إلا أنه كان يهدف بصورة أساسية إلى تهدئة المشاعر. والدليل على هذا أن الفقرة الأولى من هذا القانون تعلن أن الجمهورية تشهد رسمياً على حرية العقيدة و**"تضمن حرية ممارسة العبادة وفقاً للقيود التي تمليها المصلحة العامة"**. أما الفقرة الثانية من القانون فهي تنص على أن الحكومة لا تميز أو تمول أو تقدم العون لأية طائفة دينية.

وعلى هذا فإن الدولة تضمن حرية العبادة لكنها لا تتدخل في السبل التي تعمل بها الأجهزة الدينية المختلفة. ولقد حرصت **المحكمة العليا ومجلس الدولة** في فرنسا على احترام هذا المبدأ الرئيسي والذي

يتلخص فيما يلي: "إن فرض القيود على الممارسات الدينية أمر مشروع إذا ما كان ذلك من أجل تعزيز المصلحة العامة، لكن هذه القيود لا ينبغي لها أن تمنع الناس من العبادة". إذن فقد سعى قانون ١٩٠٥ — الذي تأسست على ضوء نصوصه عملية إقامة الدولة العلمانية والحفاظ عليها، والتي أطلق عليها "العلمنة" — إلى إيجاد نوع من التوازن بين غايتين: رفض سيطرة الدولة على الدين، ورفض استيلاء الدين على الدولة.

كانت فرنسا الدولة الأوروبية الأولى التي صرحت بطبيعتها العلمانية في دستورها، بينما يشير القانون الأساسي الألماني إلى "الرب"، ويشير الدستور الأيرلندي إلى "الثالوث المقدس". والحقيقة أن العلاقة بين الكنيسة والدولة متنوعة للغاية في أوروبا. فهناك ما يسمى بكنيسة الدولة في بعض الدول الأوروبية مثل المملكة المتحدة والدنمرك وفنلندا واليونان، وهناك دول أوروبية أخرى، مثل فرنسا، تؤكد على علمانيتها، وهناك دول مثل اسبانيا وإيطاليا وايرلندا والسويد والبرتغال تجمع بين فصل الكنيسة عن الدولة وبين المعاملة الخاصة لبعض الفئات الدينية، أو تعترف بالدين مثل ألمانيا وبلجيكا والنمسا ولوكسمبورج. ولكن القواسم المشتركة بين دول الاتحاد الأوروبي هي في واقع الأمر أكثر مما قد تشير إليه مثل هذه الاختلافات.

في الأعوام الأخيرة أصبحت الرؤية الفرنسية للدولة العلمانية موضع تساؤل على نحو متزايد نتيجة للتأثير المتنامي للإسلام، الذي أصبح

يشكل الديانة الثانية في فرنسا الآن، على الأقل من حيث عدد الملتزمين بممارسة شعائر الدين. ومن أجل مساعدة الإسلام على إيجاد مكانه بين ديانات فرنسا، فقد شجعت الدولة على إنشاء هيئة تمثل كافة المجتمعات المسلمة في فرنسا. وأثناء العقد الماضي، أدى النقاش الدائر حول ارتداء فتيات المدارس المسلمات لغطاء الرأس إلى إثارة جولة جديدة من الجدال حول معنى العلمنة.

فقد نظر أغلبية المعلمين الفرنسيين إلى مسألة ارتداء غطاء الرأس باعتبارها جزءا من حركة منظمة تهدف إلى التشكيك في الحيادية الدينية للمدارس — بل وتسعى إلى تحدي مبادئ التنوير الأساسية، كما فعلت الكنيسة الكاثوليكية الرومانية منذ قرون. كان ذلك الاستفزاز الظاهري هو الذي أوحى إلى صانعي القوانين بسرعة التحرك، خشية أن يقع انقسام طائفي داخل النظام التعليمي. وبعد عامين من إجراء التجارب، يبدو أن هذا التصريح المجدد بشأن سيادة العلمنة في فرنسا قد صادف نجاحاً لا يقبل الجدل.

ولكن في وقت أقرب عهداً تجددت النداءات المطالبة بتعديل قانون ١٩٠٥، بهدف تذليل بعض الصعاب، مثل كيفية تمويل بناء مساجد المسلمين. والحقيقة أن ميل فرنسا إلى انتهاج سياسة شديدة الإيديولوجية، قد أدى في النهاية إلى تفاقم جدال كان قد أصبح مستقطباً بالفعل.

ولكن استمرار هذا الجدال يقود إلى المجازفة بالكثير. فقد كان قانون ١٩٠٥ بمثابة التسوية لمعركة مثيرة للشقاق والفرقة، ولا ينبغي لها أن تتجدد بعد ذلك أبداً. وهذا لأن فرنسا لا تتحمل حرباً دينية جديدة. والحقيقة أن **العلمانية الرسمية**، إذا ما قورنت بالأنظمة الديمقراطية الأخرى، لم تعد تبدو وكأنها مجرد "**استثناء فرنسي**" آخر. بل إن الحقيقة على العكس من ذلك، فالعلمانية — أياً كانت بنيتها القانونية الخاصة — تشكل هي والديمقراطية خيطين في جديلة واحدة. ولا ينبغي لهذه الحقيقة أن تتبدل.

العلمانية الفرنسية ومفارقات الثورة والدولة والكنيسة[8]

وسام سعادة

١٥ أغسطس ٢٠١٦

بخلاف الشائع، لم تجنح **الثورة الفرنسية** في أيّ من منعطفاتها، ومع أيّ من رموزها باتجاه الفصل بين الدين والدولة. بالعكس تماماً، ارتاب قادتها ومشرّعو "**جمعيتها التأسيسية**" قلقاً متواصلاً من أن يؤدي اختزال شؤون الدين في التعبّد الفرديّ والمنزليّ إلى انحلال الرابطة الإجتماعية. وعلى خلفية هذا القلق المتواصل، كان السعي إما لإعادة ترتيب العلاقة بين الدولة وبين الكنيسة وفقاً لمفهوم العقد الإجتماعي

---

(٨) موقع جريدة القدس العربي اللندنية – الرابط:

http://www.alquds.co.uk/?p=581587

بالشكّل الذي فهمه ووظّفه أركان الثورة، وإما لصياغة **دين جديد** للأمة، يكون في آن واحد قومياً وإنسانياً.

الفصل بين الدولة وبين الكنيسة، وبين الكنيسة وبين المدرسة العمومية، لم يحدث في فرنسا إلا بعد ١١٦ عاماً على قيام الثورة، وفي عزّ "**الجمهوريّة الثالثة**" التي قامت في إثر الهزيمة الفرنسية أمام بيسمارك، وكمحاولة تجسير الهوّة الفاصلة بين "**فرنسا الثورة**" و"**فرنسا الثورة المضادة**"، وقد فهم مؤسسوها، رغم غلبة المناخ المتأفف من الإكليروس فيما بينهم، أنّ عليهم قبل كل شيء مهادنة الكاثوليكية، والسعي لاستمالتها، إذا ما أرادوا للفكرة الجمهورية أن تدوم، كي لا يكون سقوطها محتوماً وسريعاً، على غرار الجمهوريتين السابقتين الأولى والثانية.

لم تكن **الثورة الفرنسية** علمانية لأن المشاريع الفلسفية السياسية التي تنازعت خشبة المسرح فيها رابضت في اطار اللاهوت السياسي، ساعية لإعادة تشكيله أو تثويره، وليس إلى نقده أو تفكيكه. وفي المقابل، ليس لقرار الفصل بين الدولة والكنيسة لعام ١٩٠٥ أن يختزل لوحده كل معاني العلمانية وأبعادها، وقبل كل شيء ليس بـ "**الفصل**" تُعرّف العلمانية، ذلك أن سمة الحداثة السياسية عموماً، والمسارات الديمقراطية خصوصاً، هي توسيع نطاق التسييس، وتسييس كل شيء، تسييس ما لم يخطر بالبال تسييسه في المجتمعات التراتبية ما قبل الحديثة، والإعتراض المركزي للكنيسة الكاثوليكية في فرنسا وعموم أوروبا كان يتناول هذه الزاوية بالتحديد، كان يتناول زاوية الديمقراطية التي تسيّس كل شيء، والتي

أعتبرت حتى التصالح المتأخر — والحذر — معها، مناقضة للتصوّر الكاثوليكيّ عن العالم، التصوّر الذي يسوّغ "**التمدّد الزمني**" لسلطة الكنيسة الروحيّة، بكوذها الضامن الحامي من عدم تسييس كل شيء، وعدم تمدّد السياسة إلى أحوال الضمائر والمعاشات اليومية على ما صارت عليه الحال مع الحداثة والديمقراطية.

من بين جميع ما كُتب في العقد الأخير متناولاً موضوع العلمانية، يتفرّد كتاب المفكر الفرنسي إميل بيرو — سوسين "**الكاثوليكية والديمقراطية. تاريخ للفكر السياسي**"، بتتبع المسار الفكري للصراع بين الجمهورية والكثلكة، والذي سينتهي بتبلور "**علمانيتين**"، واحدة تعتنقها **الدولة الفرنسية** والقسم اللادينيّ من الجتمع، وثانية تتبناها الكنيسة والقسم المتديّن من الجتمع. رحل بيرو — سوسين عن دنيانا في عزّ شبابه وعطائه (١٩٧٢ — ٢٠١٠) لكن الإسهام الذي قدّمه هو أكثر من مفتاحي، كونه، وعلى الرغم من عنايته بالسياق الفرنسي حصراً، يمكن الاستعانة به لرفع التباسات وغشاوات كثيرة، وتبديد نظرات نمطية، بليدة أو متهورة، للثورة والجمهورية، والعلمانية، والإصلاح الديني — الكنسي.

فما طرحته **الثورة الفرنسية** من خلال "**الجمعية التأسيسية**" الثورية وأقرّته عام ١٧٩٠ كان "**الدستور المدني للإكليروس**" الذي سيفجّر صراعاً محموماً، كانت الكنيسة حتى ذلك الحين تعتبر أنّه من الممكن تليينه وتطويقه. هذا الدستور المدني للإكليروس اعتمد المماهاة الكاملة بين "**شعب المواطنين**" وبين "**شعب المؤمنين**"، بحيث ينتخب

المواطنون الهيئات الدينية الرعوية والأسقفية، تماماً مثلما ينتخبون النواب. الفكرة التي تقيّدت بها الثورة وضعها القس سيايس في بيانه (**إنجيل الثورة**)، "**ما المنزلة الثالثة؟**"، وهي أن الإكليروس لا يشكّل طبقة سياسية قائمة بذاتها بل هو مهنة.

المعادلة كما يلتقطها بيرو ـ سوسين، أنه بدءاً من اللحظة التي يصير فيها الإكليروس شأناً "**مهنياً**" تتزعزع فيها الأسس الاجتماعية والسياسية لسلطانه، ومن هنا جاءت فكرة المؤسسين بانتخاب الكهنة والأساقفة، على سبيل منح الكنيسة المدنية شرعية بدل عن ضائع، الأمر الذي قاومه أغلب الكهنة بشدّة، خصوصاً وأنّ مصدر التشريع نفسه الذي يحوّل شعب المواطنين إلى شعب المؤمنين الذين ينتخبون كهنتهم، ويفرض على الكهنة أداء القسم لهذا النسق، هو المصدر الذي شرّع مبدأ الحرية الدينية في المادة العاشرة من **إعلان حقوق الانسان والمواطن**، ما يعني إباحة أن يكون هناك أناس لا يدينون بالكثلكة ويمكنهم في الوقت نفسه انتخاب الهيئات الكنسية. وكما أن هناك مواطنين غير كاثوليك، فإن المشكلة الثانية التي واجهتها الكنيسة الفرنسية مع هذا التشريع الثوري، ان هناك كاثوليك غير مواطنين، وهؤلاء، بدءاً من الحبر الأعظم نفسه، لا يمكن كفّ يدهم عن الأحوال الإدارية والتنظيمية للإكليروس الفرنسي (ف "**الدستور المدني**" للإكليروس يكتفي بـ "**إعلام**" البابا بمن جرى اختيارهم للسدّة الأسقفية). وهنا حدثت انعطافة كاثوليكية.

فمنذ القرن السابع عشر، نحت الملكية الفرنسية "**المطلقة**" باتجاه "**الغاليكانية**"، أي فرض "**حواجز قومية**" أمام تمدّد سلطة البابا، واعتبار الحق الإلهية للملوك والأمراء غير خاضع في الشؤون الزمنية لأي سلطة كنسية. مثّلت "**الغاليكانية السياسية**" عقيدة الملكية الفرنسية قبل الثورة: ملك فرنسا يستمدّ شرعيته من الله مباشرة، وليس هناك من هو أعلى منه مقاماً على الصعيد الزمني. هو يخضع للبابا روحياً، لكن "**السيادة**" هي حصراً له.

أدانت البابوية هذه العقيدة لفترة طويلة، لكن هذه العقيدة رسخت في فرنسا النظام القديم، بما في ذلك في كنيستها، في مقابل النزعة الأخرى، المتطلعة "**ما وراء جبال الألب**"، إلى طلب الإرشاد السياسي من روما.

مقلب **الثورة الفرنسية** أنّها أوصلت هذه "**الغاليكانية السياسية**" إلى خواتيمها القصوية: فصل كنيسة فرنسا عن روما بشكل أكثر جذرية، وعلى قاعدة المماهاة بين شعب المواطنين وشعب المؤمنين في النطاق القومي. أدّى ذلك في المقابل إلى هجرة المعسكر الملكي ‑ الكاثوليكي لهذه الغاليكانية، فأعاد أركان "**الثورة المضادة**" التصالح مع العقيدة المنافسة، عقيدة الارتباط بـ "**ما وراء الجبال**".

وجد **حزب الثورة**، في شرح بيرو ‑ سوسين، صعوبة بالغة في الإنفكاك عن تراث الملكية المطلقة بأنه يلزم دين للأمة، وان لم يعن ذلك

٦١

الدين الكاثوليكي حصراً بالنسبة لأركان الثورة، وهؤلاء تنقلوا بين محاولة استصلاح الكاثوليكية، بشروطهم، وبين محاولة ابتداع ديانات جديدة مثل: **"عبادة العقل"** و**"عبادة الكائن الأسمى"**.

البحث عن سلطة روحية بديلة ظلّ يشغل قادة الثورة، ومفكريها. طيلة القرن التاسع عشر التزم معظم المفكرين الفرنسيين من كافة الاتجاهات باشتراط الاشتراك في المعتقد لقيام المجتمع. عنى ذلك المعتقد الكاثوليكي في معسكر الثورة المضادة، وصولاً إلى اعتبار الثورة شيطانية من حيث الجوهر، بالنسبة إلى جوزيف دو ميستر، كوها تفكك الرابطة الاجتماعية، وتحديداً عندما ترمي إلى تحويلها إلى رابطة اجتماعية اختيارية، مطلقة إذاك الشرور الكامنة في النفس الإنسانية.

لكن ذلك عنى شيئاً مختلفاً لفيلسوف **الوضعية** أوغست كونت، الذي تأثر بدو ميستر وكتاباته التي تشدّد على ضرورة الوثوقية لبناء المجتمع. بالنسبة لكونت أيضاً، لا يمكن بناء مجتمع دون سلطة روحية، وبغياب السلطة الروحية تكون السلطة الزمنية منتقصة الشرعية، لكنها لم تعد للكنيسة الكاثوليكية، وإنما لكنيسة **"علموية"** طمع في بنائها، وتعتمد **"دين الإنسانية"** الذي حاول ابتداعه، كديانة لا تعتقد بالغيب.

ورثة أوغست كونت العلميون هم آباء **"الجمهورية الثالثة"**. لم يعملوا طبعاً على إرساء كنيسته **"العلموية"**، ولا عادوا مكترثين بلعبة تأليف دين جديد، إنما وجدوا ضالتهم في المدرسة العمومية، كتجسيد

جمهوري تطبيقي لهذه الأفكار، فهذه المدرسة هي ما يمكن تحقيقه من **الكنيسة الوضعية الإنسانية** التي حلم بها كونت، وهي المخرج من التناقض الذي وقعت به **الثورة الفرنسية**، التناقض الذي مردّه أن لا يمكن الحياد بين الظلامية والتنوير، ولا يمكن في الوقت نفسه إجبار الراشدين على أن يكونوا أحراراً. المدرسة رفعت هذا التناقض، بإعداد الناشئة لتشرب **العقل العلمي والقيم الجمهورية**.

يميّز بيرو — سوسين في تاريخ "**الجمهورية الثالثة**" بين اتجاهين: علمانوي، يعتبر الدولة هي ضامن الحرية الفردية، كوّنها تحرّر النفر من الأجسام الوسيطة، وتزرع فيه الوعي بالحرية منذ الصغر. وليبرالي، متحسس سلباً من هيمنة الدولة. المفارقة أن البابا بيوس التاسع كان أدان الليبرالية بالاسم، كبدعة، في رسالة له عام ١٨٦٤.

لم يكن هناك، مع ذلك، "**حتمية تاريخية**" للفصل بين الدولة والكنيسة في "**الجمهورية الثالثة**"، وهي كانت أكثر ايجابية في تعامله مع الكاثوليكية من سلبية الوحدتين القوميتين الألمانية والايطالية تجاهها، وهذا ما يفسر الود الذي أظهره البابا ليون الثالث عشر تجاه الجمهورية ودعوته الكاثوليك للالتحاق بها. في المقابل، بقي الأنتي — إكليريكيون في رأس الدولة الفرنسية، يعملون بأجندات الربط الالحاقي للكنيسة بالدولة، و"**الفصل**" بين المؤسستين لم يحرّكوه في البدء إلا كوسيلة ضغط في هذا الإطار، ثم تلبّسوه، ليصير هوية متنامية **للجمهورية الثالثة**، وبعدها لفرنسا، مع أن الشقاق بين فرنسا الثورة وفرنسا الكاثوليكية لم ينته إلا في

ظل هذه الجمهورية، وتحديداً مع "**الاتحاد المقدّس**" دفاعاً عن الوطن في الحرب العالمية الأولى.

فرادة بيرو — سوسين أنّه يبيّن من خلال شرحه هذا أن ماهية العلمانية تكمن في "**نقد اللاهوت السياسي**"، وأن العلمانية الحادة تبقى واقعة في محاولة علمنة اللاهوت السياسية وإعادة تشكيله، بدلاً من "**التماسف**" النقدي (أخذ مسافة) معه. ورغم حدة المعسكر العلمانوي الفرنسي، يلحظ هذا المفكر أن هذه **العلمانية الفرنسية** استمرت بعمق كاثوليكي، أظهرته تحديداً تجربة الحرب الكبرى، وسوّغت كتابات مفكرين عديدين من تلك المرحلة، مثل شارل بيغي الذي أكد "**وحدة الجوهر**" بين الزمني والروحي، رغم تأييده الفصل بين الدولة والكنيسة، مطالباً بأن يكون هذا الفصل مناسبة لتسييس المسيحية أكثر، وليس العكس، بعودة الكثلكة المتجددة لارتياد آفاق الفضاءات العمومية والحياة المشتركة. انتقد شارل بيغي إنكار "**الكهنوت العلمانوي**" حضور الأبدي في الزمني، كما حمل على "**إنكار زمنية الأبدي**" عند الكاثوليك، مشدداً على أن الطبيعة (الناسوتية) تتمازج مع الرحمة (الربانية) في الحياة البشرية.

يظهر بيرو — سوسين كم أن روحية **مجمع الفاتيكان الثاني** في ستينيات القرن الماضي تأثرت بهذه الروحية، روحية إعادة تسييس المسيحية بشكل جديد وعلماني، وليس هجرانها للعالم. لكنه يشدّد في الوقت نفسه على أن المنعطف الأهم في التاريخ المسيحي الحديث هو **مجمع الفاتيكان الأول** عام ١٨٧٠. فهذا المجمع الذي انتصرت فيه ظرفياً شعارات عقيدة

"ما بعد الجبال"، من خلال عقيدة "**العصمة البابوية**"، أرسى جدلياً في نفس الوقت، منطق تعامل مع الدولة الحديثة، كدولة علمانية من حيث طبيعتها، وإن حدث ذلك بالامتعاض في البدء، الأمر الذي فتح الطريق للاصلاح الكنسي الديني اللاحق. ما بين المجمعين، تدرجت الكثلكة من مناهضة الديمقراطية إلى تبنيها، والتشديد في نفس الوقت على عدم كفاياتها من دون الحياة الدينية، الضرورية لناحية الوعي بحدود الاستقلالية البشرية في هذا العالم، وبالحدود المعيارية الواجب بلورتها للحيلولة دون تسييس كل شيء، وهو تسييس يعني في مقلب آخر نزع السياسة من السياسة.

علمانية فرنسا[9]

مصطفى المناصفي

باحث في سلك الدكتوراه بجامعة فيرسايل، باريس

انطلق النقاش العمومي بفرنسا حول العلمانية والإسلام والذي يأتي في أفق الانتخابات الرئاسية المقبلة والتي تفصلنا عنها أقل من سنة ونيف وكذا في خضم التحولات التي يعرفها العالم خصوصاً **الشرق الأوسط الكبير**. وبغض النظر عن الصورة الواضحة التي يمكن التقاطها من مغزى إطلاق هذا النقاش في هذا التوقيت بالضبط، فإن الخطر يتمثل

---

[9] موقع جريدة المثقف العراقية – العدد: ١٧٢٢ – ٩/ ٤ /٢٠١١ – الرابط:

http://www.almothaqaf.com/qadayaama/qadayama-09/46865-2011-04-09-01-00-17

في بدل البحث عن حلول للمشاكل الاجتماعية بفرنسا، ينشغل بعض الساسة الفرنسيين بالإسلام وبالأقلية المسلمة المقيمة بفرنسا. إن من دعا إلى هذا النقاش يريد أن يوصل رسالة إلى الفرنسيين مفادها أن الخطر قادم ومصدره الإسلام والمسلمين، لهذا يجب أن ننسى كل شيء من أجل تحرير فرنسا من "**سلوكيات**" قد تتسبب لنا في كارثة.

إن مثل هذا الكلام هو بمثابة لعب بالنار من شأنه أن ينمي التطرف وأن تكون له انعكاسات على الاستقرار الأمني. كمثال فقط، كيف لمهاجر عربي فقير ذو مستوى تعليمي جد متواضع، يعاني بضاحية باريس من البطالة وغلاء المعيشة أن يتعامل بحكمة وتريث مع نقاش عمومي ينادي من خلاله البعض بأن تمنع الصلاة باللغة العربية في المساجد (وليس فقط خطبة الجمعة)، بمعنى أن تقرأ "**سورة الفاتحة**" أثناء الصلاة بلغة موليير!

أليس هذا هو التطرف؟ أليس هذا هو عكس الحرية التي قامت من أجلها الثورة الفرنسية؟ ألن يدفع مثل هكذا خطاب بعض المسلمين إلى تبني مواقف "**القاعدة**"؟

مشكلة بعض الساسة الفرنسيين أنهم لا يقبلون الإسلام ببلدان المسلمين فبالأحرى ببلدهم، والدليل على ذلك تدخل فرنسا في الشؤون الداخلية للجزائر بداية التسعينيات من القرن الماضي وكذا المغرب من خلال ما قيل بأن صاحب فكرة تأسيس **حزب الأصالة والمعاصرة** هو

السيد جاك شيراك بهدف الحد من تنامي التعاطف الشعبي مع مكونات الحركة الإسلامية المعتدلة (**العدالة والتنمية والعدل والإحسان**). كان حرياً بالسيد ساركوزي وحزبه أن يبادروا إلى فتح صفحة جديدة مع مسلمي فرنسا من خلال إطلاق نقاش منتج حول سبل تحقيق التعايش في فرنسا العلمانية بدل إهدار المال العام في نقاشات سياسوية.

من حق السيد ساركوزي أن يحلم بولاية ثانية في حضن قصر "**الإليزيه**"، وكان سيلقى تأييداً من المسلمين إن هو باشر في الاستماع إليهم وطلب منهم يد العون لمساعدته في صياغة سياسة عمومية للتعايش مبنية على التآخي والمساواة والاحترام المتبادل بين جميع الديانات، إلا أن فتح نقاش من قبيل "**العلمانية والإسلام**"، يوحي بأن فرنسا تشبه الهند من حيت كثرة الديانات لهذا فالدولة المدنية مهددة بالدولة الدينية، وهذه أطروحة بعيدة كل البعد عن فرنسا لسبب بسيط كون فرنسا ليست هي الهند.

الجاردیان: علمانية فرنسا تخسر أمام الإسلامين المتطرفين(`¹⁰`)

۱٥ نوفمبر ۲۰۱٥

قالت صحيفة "**ذا جارديان**" البريطانية، إن فرنسا خسرت الكثير من مسلميها لصالح الإسلام المتطرف، مؤكدة أن الحملات المناهضة للراديكالية فشلت فى منع الشباب والساخطين من التحول لتنظيم "**داعش**" رغم التقاليد العلمانية القوية لفرنسا.

(`¹⁰`) موقع جريدة الشروق المصرية – الرابط:

https://cms.shorouknews.com/news/print.aspx?cdate=1511201
5&id=e2377b88-fc51-4539-821f-432509428397

وأشارت الصحيفة، فى التقرير الذى أعده جون هنلى، إلى أنه وفقاً لمعظم التقديرات، خسرت فرنسا من مواطنيها الذين اتجهوا إلى **الإسلام المسلح** أكثر من أى بلد أوروبى آخر، لافتة إلى تقرير **لمجلس الشيوخ الفرنسى**، أكد أن ١٤٣٠ على الأقل من الفرنسيين اتجهوا إلى سوريا والعراق للقتال مع داعش ضمن أكثر من ٣ آلاف أوروبى.

كما قالت **وكالة الصحافة الفرنسية** في وقت مبكر من هذا العام، إن **المخابرات الفرنسية** تراقب ١٥٧٠ آخرين تعتقد السلطات أن لهم نوعاً من الاتصال مع شبكات سورية، فى الوقت الذى يقع فيه نحو ٧ آلاف آخرين فى خطر انتهاج نفس الطريق.

فى الوقت نفسه، تعتقد السلطات الفرنسية أن ٢٠٠ جهادى فرنسى على الأقل كانوا فى مناطق سيطرة "**داعش**"، وعادوا إلى فرنسا أخيرا، بحسب الصحيفة.

فيما نوهت إلى فشل حملات السلطة المناهضة للتطرف بسبب استياء الشباب الساخط المنتمى للمجتمع المسلم الذى يتعرض للتمييز ضده فى التعليم والتوظيف والإسكان، والذى أججته بعض الإجراءات الرمزية التى اتخذها البلد العلمانى واعتقدوا أنها ضد الإسلام، كحظر ارتداء النقاب فى الأماكن العامة، والذى أصدرته السلطات عام ٢٠١٠.

الحجاب والنقاب بين علمانيتين(١١)

٢٠١٠/١١/٢٨

المسلمون واليهود في سلة واحدة

القاهرة:

---

(١١) موقع ميدل إيست أون لاين — الرابط:

https://www.middle–east–
online.com/%D8%A7%D9%84%D8%AD%D8%AC%D8%A7
%D8%A8-
%D9%88%D8%A7%D9%84%D9%86%D9%82%D8%A7%D8
%A8-%D8%A8%D9%8A%D9%86-
%D8%B9%D9%84%D9%85%D8%A7%D9%86%D9%8A%D8
%AA%D9%8A%D9%86

يأتي كتاب ممدوح الشيخ الجديد محاولة لفهم الثقافة الأوروبية التي وضعنا الحجاب، ومن بعده النقاب، أمام حقيقتها كاشفاً عن أصوليتها العلمانية وتصلبها ورفضها العدواني لـ "الآخر" الديني والقومي والثقافي.

يستهل المؤلف كتابه الذي اختار له عنوان: **"الإسلام في مرمى نيران العلمانية الفرنسية: ما وراء الحرب الأوروبية على الحجاب والنقاب"**، بالقول: إن هذا الكتاب ليس عن **"شهيدة الحجاب"** الصيدلانية المصرية مروة الشربيني، وإن كان استشهادها سبباً من أسباب صدوره، وهي تكاد تطل من صفحاته.

والرسالة التي يتضمنها الكتاب هي في المقام الأول، الدعوة لتقصي جذور الأزمة في موقف الثقافة الأوروبية، وبخاصة الثقافة الفرنسية التي وضعت الثورة الفرنسية حجر أساسها، فالشجب والغضب تعبيران عاطفيان — وهما يستحقان التقدير — لكن الفهم قد يكون أعمق أثرا، وبخاصة بالنسبة للمستقبل. ولقد أصبح الزي الإسلامي رمزاً للمواجهة بين العالم الإسلامي وأوروبا. وكشفت التجربة — ضمن ما كشفت — أن المحيط الأطلنطي أصبح يفصل بين تشكيلين حضاريين تزداد المسافة بين موقف كل منهما من الدين. فبينما تزداد أميركا تديناً، تزداد أوروبا ابتعادًا عن الدين وتقييدًا ودوره في الشأن العام.

ومن الدروس المهمة لمعركة الحجاب في أوروبا: أن معظم المؤسسات الحقوقية الدولية، والأمم المتحدة، وبعض العواصم

الإنجلوسكسونية، وبعض كنائس أوروبا، وبعض جهات التمثيل الديني اليهودية في أوروبا، كانت خلال الأزمة أكثر احتراماً للإسلام من كثير من العلمانيين العرب!

والتهاون بحق الإساءات التي تحدث للمقدسات الدينية باسم الإبداع في "**بلادنا**" من المؤكد أنه يفتح الباب لأن يتجرأ عليها الآخرون في "**بلادهم**".

ولقد تحول البحر المتوسط بالفعل من "**همزة وصل**" إلى "**ساحة مواجهة**". وسيأتي الوقت الذي يدرك فيه أصحاب التأثير على ساحة العمل العام أن المستقبل ستحسمه — في المقام الأول — المواجهة بين مكة المكرمة وباريس!

الباب الأول عنوانه: "**المسلمون واليهود في سلة واحدة**!" ويخصصه المؤلف لرصد حقيقة مثيرة هي أن الحرب على الحجاب والنقاب إعادة إنتاج لـ "**المسألة اليهودية**". ولقرون كان كلاهما في الوجدان الأوروبي "**عدواً**". وفي الحروب الصليبية كانت جيوش الصليبيين حيثما مرت تبيد جماعتين: المسلمين واليهود. وبعد زوال الدول الدينية من أوروبا أصبح اليهود عدواً لمعظم التشكيلات القومية الكبرى في أوروبا، أما العداء للإسلام فقد لا يحتاج لمن يؤرخه. ويستعرض المؤلف كذلك تجربة المسلمين واليهود في أفران الغاز النازية!

كما أن **قانون الرموز الدينية** الفرنسي حظر ارتداء القلنسوة اليهودية كما حظر ارتداء الحجاب.

"ضد الحجاب أم ضد الدين والتدين؟" سؤال يحاول الفصل الثاني الإجابة عنه، وللإجابة عنه يفرد المؤلف قسماً من الفصل لإشكالية تعريف الدين. ويؤكد الكاتب أن أزمة الثقافة الأوروبية مع الدين بدأت في عصر التنوير حيث كان بداية **"تأسيس معرفي"** للمفاهيم الرئيسة الحاكمة للاجتماع الإنساني لا مجرد تغيير في هيكلية السلطة أو الموقف من **"السلطة الكنسية"**. وفي إطار هذا التحول ظهر مفهوم جديد للدين سرعان ما أصبح جذراً لسلسة من التعريفات التي كان جميعها — تقريباً — لا ينطبق على الأديان السماوية وبخاصة الإسلام واليهودية. والخلاف في تعريف الدين نشأت عنه رؤيتان إحداهما تبنتها الدولة المركزية التي ولدت مع انهيار السلطة السياسية للكنسية بدءًا من **صلح وستفاليا (١٦٤٨)**، وتمت ترجمة هذه الرؤية النظرية في برنامج عمل عرف باسم: **"التحديث"**.

في الفصل الثالث: **"الأيديولوجية العلمانية"** يناقش المؤلف تحول العلمانية — بالتحديد في أوروبا — إلى **"أصولية"**، ويشير في هذا السياق إلى أن بعض علماء الأديان اقترح النظر إلى العَلمانية على أنها دين غير سماوي، والممارسة العَلمانية تتشابه مع بعض الممارسات الدينية وبخاصة في قضية تمفصلها مع الشأن السياسي. فمثلاً تستند العَلمانية لمسلمات عن الخير والشرّ وتُعلي خيارات أخلاقية (مثل تأكيد النفعية أو نفيها)، وهذا موقف فلسفي واختيار ثقافي لا تُجلب إليه الأدلة، بل يقبل أو يرفض

٧٦

وليس له دليل عقلي أقوى من الأدلة العقلية على غيره من المعطيات الفلسفية. كما تتضمن العَلمانية مسلّمات حول وظيفة الإنسان في الكون ودوره وحول طريق السعادة الأمثل وحول طريقة العيش الرغيدة. وكل هذه مسبقات مفترضة يمكن أن تُستجلب إليها الأدلة ولكن لا تُبنى على الأدلة. كما تشمل **العَلمانية الحديثة** إيماناً بنوع من **الغيب الأرضي**، فمفهوم الندرة الاقتصادي أو مفهوم البقاء للأشرس الاجتماعي أو مفهوم نهاية التاريخ، إنما هي غيبيات تُصاغ بشكل علمي وتُستدعى إليها الدلائل بشكل انتقائي.

والعَلمانية ليست أقل تدخلاً من الدين في حياة الناس الخاصة ودعوى عدم التدخل في المجال الشخصي الذي تدعيه العَلمانية شعار إيديولوجي مبني على موقف قيمي انتقائي. ولم تحقق النظم التي تعتبر نفسها عَلمانية سلاماً أكثر من غيرها من النظم، بل إن الحروب الحديثة التي خاضتها الدول تحت رايات غير دينية وعدد الضحايا التي أسقطتها يفوق ما راكمته البشرية في عصور طويلة، كما أن الديكتاتوريات والحكم الفاشي العَلماني لم يكن أقل قمعاً من غيره البتة. كما أنه لا يمكن أن تدّعي العَلمانية احتكارها استعمال العقل، فبعض كبار الفلاسفة القدامى كانوا من أحبار اليهود وما زالت معابدهم مراكز تعليم، وكذا الأمر بالنسبة للكنيسة.

وحين نقارن بين الحرية في النظم المتعسفة الدينية والحرية في النظم المتعسفة العلمانية أو اللادينية، والحرية في النظم الدينية المتسامحة ربما يجب

علينا الكفّ عن إلصاق العناوين الكبيرة التي تستعمل عبارات "**علماني**" و"**ديني**" في وصفٍ شمولي غير دقيق، فكل ديني فيه إجرائيات عَلمانية، وكل علماني فيه مسلّمات ميتافيزيقية. ومع المشكلات التي تواجه مسلمي أوروبا فإن التجربة تؤكد أن "**العلمانية الأصولية**" المتعصِّبة تتناسى حتى مبادئها الإنسانية، والجموح الذي تبديه في التعامل مع الوجود الاجتماعي والثقافي والسياسي والديني للإسلام في أوروبا لا يتسق مع حقيقة فقدان كثيرين الثقة بالنظم العَلمانية وتطلعهم نحو مصادر دينية تاريخية لشرعية الاجتماع الوطني. والمؤلف يرى أن مساعي "**دمج**" المسلمين تشبه إلى حد كبير مساعي دمج اليهود في المجتمعات الأوروبية.

ويفرد ممدوح الشيخ فصلا يناقش فيه "**الحجاب والنقاب بين علمانيتين**"، ففي مقارنة تظهر الفرق الجوهري بين العلمانيتين الفرنسية والألمانية قال وزير الداخلية نيكولا ساركوزي: "**على من لا يحب الجمهورية الفرنسية الانتقال للعيش في بلد آخر**". ويؤكد المؤلف أن ثمة أبعاد ملازمة **للعلمانية الفرنسية** التي لم تكن محايدة إزاء شؤون الدين والمجتمع المدني عامة لأنها كانت من طبيعة جذرية مقاتلة، وذات وجهة معادية للكنيسة الكاثوليكية خاصة وللدين عامة.

وكان من أول القرارات التي اتخذها رجال **الثورة الفرنسية** إلحاق الكنيسة بالدولة وتأميم ممتلكاتها، وتحويل رجالاتها إلى موظفين رسميين يتقاضون رواتب معلومة ضمن المهمات الموكولة إليهم رسمياً، بما لا يختلف كثيراً عن أي موظف في أجهزة الدولة. وحتى حينما اضطر نابليون

بونابرت إلى إبرام معاهدة وفاقية مع البابوية (١٨٠١) اعترف بموجبها بكون الكاثوليكية ديناً لغالبية الفرنسيين كان ذلك مشروطاً بجعل الكنيسة في خدمة الدولة. ولحق ذلك شيوع مناخات الرعب ومحاولة اقتلاع الكنيسة من منابتها و"**تطهير**" المجتمع الفرنسي عامة من المظهر والمؤثرات المسيحية، واتسع ذلك أكثر مع عودة البوربون وتحويل ما سمي وقتها: "**الإرهاب الأبيض**" إلى إرهاب قانوني مؤسسي تقوم على إنفاذه مؤسسات الدولة الرسمية.

وتراهن **العلمانية الفرنسية** على إخلاء المجال العام من سيطرة الدين وملئه بالقيم الثقافية "**الدهرية**"، وتعد المدرسة والمؤسسات التعليمية عامة من أهم وسائلها في ذلك. فالمدرسة عند العلمانيين الفرنسيين ليست مجرد فضاء للتعلم، بل حقل مثالي لإعادة صنع طبيعة ثانية لدى الطفل تقتلعه من المحيط الاجتماعي، ويراهن العلمانيون على تغيير بنية المجتمع من خلال أدوات المدرسة، ولذلك تتوجس **العلمانية الفرنسية** من كل مظاهر التعبير الديني سواء في شكله المؤسسي أو حتى الفردي.

فـ **العلمانية الفرنسية** لا تكتفي بتحرير السياسي من سيطرة الكنيسة بل تراهن على مقارعة الدين عامة وطرده من الفضاء العام لتحل محله "**القيم العلمانية الصلبة**"، وهنا تحل المدرسة محل الكنيسة في إعادة صوغ الوعي الفردي والجماعي. والثقافة السياسية الفرنسية ــ على نحو ما ــ تشكلت في مبدأ العلمانية ومرادفها الجمهورية وقامت على نزوعات جذرية مدمرة لا تعرف معاني التوسط والوفاق.

٧٩

والعلمانية الفرنسية تعتبر حالة خاصة وفريدة من نوعها حتى مقارنة بالتاريخ السياسي الأوروبي والأميركي، خصوصية تستمد ملامحها العامة من سياقات التجربة الفرنسية ذاتها، فالدور المركزي الموكول للدولة الجمهورية ليس إلا استمراراً وتكثيفاً لدور هذه الدولة في صنع الأمة، خلافاً لكثير من البلدان الأوروبية الأخرى التي كانت فيها الدولة استجابة لاحقة لتشكل الأمة، إلى حد القول بأن تاريخ فرنسا الحديث هو بدرجة أولى تاريخ **الدولة الصاهرة** الصانعة للأمة القومية.

وكان حصاد الثقافة الدهرية التي فرضتها الدولة الفرنسية على المجتمع الانتقال من الحياد إلى الإلحاد وهو درس مهم يتجاوز في أهميته ملف الحجاب، وحس الإحصاءات فإنه في العام ١٩٦٦ أعلن ٨٩ % من الفرنسيين انتماءهم إلى أحد الأديان فيما أكد ١٠ % انهم لا يعتنقون أي دين، وبعد ٣٢ عاماً صارت النسب المئوية على التوالي ٥٥ و٤٥ %. ويشكل الذين لا دين لهم أكثرية واضحة في المجتمع الفرنسي لدى من هم دون الخمسين من العمر لتبلغ نسبتهم ٦٣ % داخل الفئة العمرية ١٨ — ٤٢ سنة. ويمكن الاعتبار أن هناك للمرة الأولى منذ قرون عدداً متساوياً من الفرنسيين خارج الديانات وداخلها.

ويخصص المؤلف فصلاً لقضية: "البعد الجسدي (الجنسي) في الحرب على الحجاب والنقاب"، فوراء الرفض الواضح للحجاب والنقاب أبعاد ثقافية واعية في الفكر الأوروبي تدفع باتجاه الرغبة في "استئصال" الزي الإسلامي كونه علامة على ما يعتبرونه قهراً للجسد

الأنثوي. ومن القضايا المهمة التي تكشف عنها القراءة المعرفية لعلاقة الأوربيين بالشرق — وبالتحديد في إطار حركة التوسع الاستعماري — أن العلاقة الاستعمارية مع الشرق تبدو في صورة المستعمِر الذكر والمستعمَرة الأنثى في لقاء جنسي، وكتاب الرحلات الغربيين في القرن التاسع عشر استخدموا في أغلب الأحيان الصور الجنسية لخلق وتعزيز المنزلة البطولية لكثير من المستكشفين والرحالة الذكور الذي كتبوا عن فتح واختراق القارات المجهولة، والمتميزة غالباً بخصب الطبيعة الخضراء والنساء. هذه الازدواجية بين الفتحين الجنسي والاستعماري أدت إلى تأطير المشروع الاستعماري ضمن إطار معترف به. وفي هذا الإطار وصفت كتب الرحلات الشرق في كثير من الأحيان بأنه "**المؤنث الأبدي**".

وتحت عنوان "**الجزائر تلقي الحجاب**" كتب الطبيب المناضل فرانز فانون — ابن جزر الأنتيل — في كتابه: "**سوسيولوجيا ثورة**" ما يعد أحد أكثر الدراسات تميزاً وسبقاً في تحليل هذه العلاقة، عبر تجربة الاحتلال الفرنسي للجزائر الذي يمثل المواجهة الأكثر عنفاً بين فرنسا والإسلام. وقد كانت أول مشكلة في الزي الإسلامي أنه "**يبدو ثابتاً إلى حد أنه يكفي بصورة عامة لتمييز المجتمع العربي**"، وبالحجاب تتعين الأشياء وتتنسق، فالمرأة الجزائرية في نظر الملاحظ هي "**تلك التي تتستر وراء الحجاب**".

وقد تحول الحجاب إلى معركة ضخمة عبأت قوى الاحتلال من أجلها أغزر الموارد وأكثرها تنوعاً، وأظهر فيها المستعمِر قوة مذهلة. وقد

حدث أن "المسئولين عن الإدراة الفرنسية في الجزائر، وقد أوكل إليهم تحطيم أصالة الشعب مهما كان الثمن وزودوا بالسلطات لممارسة تفتيت أشكال الوجود المؤهلة لإبراز حقيقة وطنية من قريب أو بعيد"، وقد عملوا على بذل أقصى جهوداتهم ضد ارتداء الحجاب بوصفه "رمزاً لتمثال المرأة الجزائرية". والأخصائيون في المسائل التي تدعى بمسائل السكان الأصليين والمسئولون في الدوائر المختصة بالعرب "نسقوا عملهم بالاستناد إلى تحليلات علماء الاجتماع وعلماء الأخلاق". وتم العمل وفقاً للصيغة المشهورة: "لنعمل على أن تكون النساء معنا وسائر الشعب سيتبع".

وقد استطاعت الإدارة الاستعمارية تعريف نظرية سياسية محددة قائلة: "إذا أردنا أن نضرب المجتمع الجزائري في صميم تلاحم أجزائه، وفي خواص مقاومته، فيجب علينا قبل كل شيء اكتسب النساء، ويجب علينا السعي للبحث عنهن خلف الحجاب حيث يتوارين، وفي المنازل حيث يخفيهن الرجل".

الباب التالي يناقش المؤلف الصلة المتنامية بين الهوية والديموغرافيا والنبوءات والتحذيرات التي تتكاثر كالفطر من الميزان الديموغرافي في أوروبا وتأثيراته على هويتها. وفي فصلٍ تالٍ يناقش ممدوح الشيخ "الدين وحقوق الإنسان بين فرنسا وأميركا"، وكيف أن أميركا وبريطانيا أدانتا "قانون الحجاب" وحظر النقاب.

٨٢

ماكرون في خطاب التنصيب: مهمتي الدفاع عن علمانية فرنسا(¹²)

١٥ مايو ٢٠١٧
أسماء بوزيان (باريس)

وعد الرئيس الفرنسي الجديد إيمانويل ماكرون، الذي تولى مهماته الرئاسية أمس (الأحد) من سلفه فرنسوا هولاند، بإعادة بناء أوروبا

وإنعاشها، فيما تعهد أمام الفرنسيين بعدم التخلي عن أي من الوعود التي قطعها خلال حملته الانتخابية. وقال الرئيس الشاب (٣٩ عاماً) **"نحن بحاجة الى أوروبا أكثر فاعلية وأكثر ديموقراطية وأكثر تسييسًا"**. وأضاف أن الفرنسيين اختاروا الأمل وروح المبادرة.

وأكد ماكرون في خطاب التنصيب أن مهمته الأولى إعادة الثقة للفرنسيين، مشددًا على الدفاع عن **علمانية الجمهورية** والأمن في فرنسا. وقال: **"إن العالم وأوروبا بحاجة الآن أكثر من أي وقت مضى إلى فرنسا قوية تدافع بقوة عن الحرية والتضامن"**. وتعهد بالعمل على تجاوز الانقسامات بكافة أنواعها، مؤكدًا أن العالم ينتظر منا أن نكون أقوياء وموحدين.

وأوضح أن فرنسا واجهت تهديداً لثقافتها، مشيراً إلى أن **"مهمتي أن أعيد للفرنسيين الثقة في أنفسهم التي ضعفت، وهذا لن يتحقق بقدرة قادر، بل بعمل طويل"**. وتابع: **"يجب أن نقنع الفرنسيين بأنهم يملكون القدرة على احتلال المركز الأول"**. وأضاف: **"لن أتراجع عن أي التزام، كل ما يعزز قوة فرنسا سوف يتم عمله، سندافع عن العلمانية"**.

وقال رئيس **المجلس الدستوري** لوران فابيوس في حفلة تسليم السلطة في صالة الإليزيه **"في هذه اللحظة بالتحديد تتولون مهامكم"**، معبراً عن تمنياته له **"بتهدئة الغضب وتبديد الشكوك وتجسيد الأمل"**.

....

وفي إشارة إلى رغبته إحياء **المحور الفرنسي الألماني**، اختار الرئيس الذي سيتوجه إلى ألمانيا في أول رحلة له إلى الخارج اليوم (الإثنين)، سفير فرنسا الحالي في ألمانيا فيليب إتيان (٦١ عاماً) مستشاراً دبلوماسياً له.

....

....

منال ابتسام .. اختبار علمانية فرنسا([13])

١٢ / ٢ / ٢٠١٨

تمثل قضية منال ابتسام، المشتركة السابقة في **"ذا فويس"** الفرنسي، امتحاناً جديداً خاضه المجتمع الفرنسي، وعكس مجدداً الانقسام والجدل حول قيمه ومفاهيمه، لا سيما علمانية فرنسا بتأويلاتها الكثيرة.

فمنال لم تلفت الأنظار بصوتها وأدائها. شكلها الخارجي رسم الانطباعات عنها، كونها تقدمت للبرنامج وهي ترتدي حجاباً. علماً أن صوتها سحر لجنة التحكيم، حيث استدار الأعضاء الأربعة ليتعرفوا إلى الفتاة التي أدت بالإنكليزية أغنية **"هللويا"** لليونارد كوهين ومزجتها بأغنية:

([13]) موقع المدن – الرابط:

https://www.almodon.com/media/2018/2/12/منال-ابتسام-اختبار-علمانية-فرنسا-بتأويلاتها

"يا **إلهي**" العربية. أرادت المتسابقة ذات الأصول السورية أن تحمل مشاركتها على هذا النحو عنواناً للحب والتسامح.

والحال انه منذ ظهورها على شاشة TF1، أثار حجابها بلبلة في مواقع التواصل الاجتماعي، فنُبِشت لها تغريدتان فجّرتا جدلاً فرنسياً دام أياماً، وما زال مستمراً. التغريدة الأولى كتبتها بعد هجوم نيس في تموز/ يوليو ٢٠١٦، وفيها سخرية من فكرة أن تعثر الشرطة بعد كل اعتداء على بطاقة هوية منفذ الهجوم، معتبرة أن في الرواية الرسمية استغباء للرأي العام. أما التغريدة الثانية، فأتت بعد ذبح الكاهن جاك آميل في تموز/ يوليو ٢٠١٦، واعتبرت فيها منال أن الحكومة الفرنسية تجسد الوجه الحقيقي للإرهاب.

اعتذار منال عن هذه التغريدات وتوضيحها بأنها تنم عن قلة نضج تجاوزتها اليوم، لم يشفع لها لا في مواقع التواصل الاجتماعي ولا في الإعلام ولا لدى جمعيات أهالي الضحايا، فانسحبت من البرنامج بعدما وجدت نفسها مادة للانقسام، لا للوحدة، كما كانت تبتغي.

ومن الواجب التذكير بأن مشاركة ألين لحود وهبة طوجي في البرنامج نفسه، حيث غنتا بالعربية، لم تُثر تلك البلبلة، بل حولتهما إلى نموذجين للموسيقى كلغة عالمية مشتركة بين الشعوب.

صحيحٌ أن المسألة أخذت مداها بعد نشر التغريدات، إلا أن البلبلة كانت قد بدأت مع ظهور منال بالحجاب. اعتُبر حجابها انتقاصاً

من علمانية الدولة الفرنسية وتسويقاً للتطرف، من دون أن يستفز أحداً، مثلاً، صليب المغني الراحل جوني هاليداي، أو دخول نائبين فرنسيين إلى مبنى **الجمعية الوطنية** مرتديَين الكيباه اليهودية. لو أن الراهبة الايطالية كريستينا شاركت في البرنامج بنسخته الفرنسية، هل كانت ستثير مشاركتها هذا الاستهجان؟

والحال أن تبني منال لنظرية المؤامرة، أخذ بدوره حيزاً واسعاً من النقاشات الإعلامية، إذ طولبت بمغادرة فرنسا، واعتُبرت نموذجاً لنبذ الآخر والعيش المشترك.

من دون شك، حجاب المشتركة هو ما سمح للتيار الغاضب بالذهاب إلى حد المطالبة بطرد فرنسية من بلدها الذي تحمل جنسيته. وإذا تجاهلنا الأرقام التي تشير إلى أن ٧٩ % من الفرنسيين يتبنون على الأقل رواية واحدة من روايات المؤامرة (أبولو ١١، أحداث ١١ سبتمبر، الربيع العربي ...)، فإن كلام منتقدي منال، يدل على عيشهم في عزلة عن محيطهم. ألم يصادفوا فرنسيين شككوا بدورهم في روايات الشرطة الرسمية مستندين إلى الحجج نفسها؟ تشكيك لم يستثنِ أكثر الأحداث تراجيدية مثل **"شارلي إيبدو"** أو أحداث ١٣ نوفمبر.

لو افترضنا أن منال تقدمت إلى المسابقة كاشفة شعرَها، فهل كان ليخطر في بال أحدهم أن يذهب للتنقيب عن ماضيها؟ وأساساً، وعملاً

بمبدأ تكافؤ الفرص، لماذا لا يتم التأكد من خلفيات كل من المشتركين استناداً إلى رقم الـ ٧٩ % المذكور آنفاً؟

لم ير الاسلاموفوبيون في حجاب منال معتقداً دينياً يكفله لها قانون العام ١٩٠٥، بل أصروا على أن مظهر المشاركة الخارجي يدل على هوية سياسية. افترضوا أن منال تروّج للتطرف، بل صدقوا افتراضهم هذا وتعاطوا معه على أنه حقيقة مطلقة، حتى أنهم لم يكلفوا أنفسهم معرفة ما أضحت عليه قناعات منال الشخصية ولا السياق الذي كُتبت فيه التغريدات. كما لم يأخذ هؤلاء بعين الاعتبار أن وسائل التواصل الاجتماعي هي فضاء مفتوح يُتداول فيه ما يمكن لنا سماعه يومياً في المقاهي وأماكن العمل والنقل العام ... فلا تجعل من منال صانعة رأي؛ بل صورة نمطية مزروعة في أذهانهم.

وبغض النظر عن موقف محطة TF1 من المسألة، يبقى أن انسحاب منال يتناقض مع مبدأ البرنامج. فالفكرة من "**ذا فويس**" هي أن تحكم اللجنة على صوت المتسابق(ة) أولاً، أي ألا تتأثر اللجنة بالمظهر الخارجي، أياً كان. لكن مظهر منال طغى على صوتها في برنامج "**الصوت**".

بابا الفاتيكان ينتقد علمانية فرنسا ويدافع عن المسلمة([١٤])

٢٠١٤/٥/١٨

([١٤]) موقع i24news.tv الإخباري – الرابط:

https://www.i24news.tv/ar/%D8%A3%D8%AE%D8%A8%D8%A7%D8%B1/%D8%AF%D9%88%D9%84%D9%8A/%D8%A3%D9%88%D8%B1%D9%88%D8%A8%D8%A7/113683-160518-%D8%A8%D8%A7%D8%A8%D8%A7-%D8%A7%D9%84%D9%81%D8%A7%D8%AA%D9%8A%D9%83%D8%A7%D9%86-%D9%8A%D9%86%D8%AA%D9%82%D8%AF-%D8%B9%D9%84%D9%85%D8%A7%D9%86%D9%8A%D8%A9-%D9%81%D8%B1%D9%86%D8%B3%D8%A7-%D9%88%D9%8A%D8%AF%D8%A7%D9%81%D8%B9-%D8%B9%D9%86-%D8%A7%D9%84%D9%85%D8%B3%D9%84%D9%85%D8%A9-%D8%A7%D9%84%D9%85%D8%AD%D8%AC%D8%A8%D8%A9

قال بابا الفاتيكان فرنسيس إن الإسلام والمسيحية يشتركان في تأصُل **"فكرة الفتوحات"** لديهما، وهذا يعود إلى جذور أوروبا المسيحية التي غالباً ما كانت تنجرف نحو الاستعمارية. وأشاد البابا الأرجنتيني، خلال حديثه لصحيفة **"لاكروا"** الفرنسية الكاثوليكية، بانتخاب صادق خان عمدة للندن، مشيراً إلى أن العمدة المسلم الجديد جسد فكرة الاندماج في المجتمع الأوروبي.

وأضاف خلال مقابلة موسعة حول أزمة الهجرة وقدرة المسلمين والمسيحيين على التعايش في سلام، أنه من العدل والمسؤولية أن نسأل أوروبا إذا كان لديها القدرة على قبول ملايين اللاجئين من الشرق الأوسط وأفريقيا. لكنّ الأكثر أهمية من ذلك، هو أن نتساءل لماذا يوجد عديد من اللاجئين القادمين من الشرق الأوسط وإفريقيا، في إشارة إلى وجود الحروب، وفكرة السوق الحرة، وانتشار البطالة، وتجارة الأسلحة، وقلة الاستثمارات في أفريقيا، فضلاً عن عدم المساواة في الأجور. وفق ما جاء في **الغارديان** البريطانية.

ورفض البابا فرنسيس الربط بين التطرف الإسلامي في أوروبا والإسلام نفسه، لكنه دان الطريقة التي يتعامل بها بعض المهاجرين مع مجتمعاتهم الجديدة، في إشارة إلى إقامة مجتمعات مغلقة عليهم بدلاً من الاندماج في المجتمع. وتابع أن إرهابيي بروكسل من أبناء المهاجرين ونشأوا

في مجتمعات مغلقة بلندن، لكنه تحدث أيضاً عن تأدية عمدة لندن اليمين الدستورية في الكاتدرائية، "وبالتأكيد سيقابل الملكة، وهذا يشير الى حاجة أوروبا إلى اكتشاف قدرتها على الاستيعاب".

وأشار البابا إلى أن الحاجة للدمج والاستيعاب في أوروبا أصبحت أكثر من ذي قبل، وذلك بسبب انخفاض معدل المواليد الذي يجعل دائرة الفراغ السكاني تزداد يوماً بعد يوم.

الخشية من داعش لا من الإسلام

ورداً عن سؤال الصحيفة الفرنسية عما إذا كان خوف الأوروبيين من الإسلام مبرراً أم لا، قال إن الناس في الحقيقة تخشى **تنظيم الدولة الإسلامية** وليس الإسلام. ثم طرح مقاربة بين النظرة التي ربما يحملها غير المسلمين عن العقيدة الإسلامية وكذلك العقيدة المسيحية.

واستطرد البابا فرانسيس في الحديث قائلاً **"إنها حقيقة أن الإسلام يحمل في جذوره ثقافة الغزو، بيد أننا يمكننا تفسير ما ذُكر في إنجيل "متّى" عن إرسال يسوع تلاميذه إلى كل الأمم، وهي نفس الفكرة التي تحملها الفتوحات الإسلامية"**.

وحثّ البابا المسيحيين على سؤال أنفسهم ما إذا كان تصدير **"نموذج الديمقراطية شديد الشبه بالغرب"** قد أتى بثماره أم لا، مثلما هو الحال في العراق الذي حكمه نظام قوي قبل التدخل العسكري الذي أطاح بصدام حسين. كما أشار إلى ليبيا، حيث عبر بمقولة سمعها مؤخراً

من أحد الأشخاص، والتي تقول "كان لدينا معمر قذافي وحيد، أما الآن فلدينا ٥٠ معمر قذافي".

وقال أيضاً إن التعايش بين المسلمين والمسيحيين لا يزال أمراً ممكناً، مشيراً إلى أنه يمكن ضرب المثل على ذلك ببلده الأرجنتين، وأفريقيا الوسطى قبل الحرب، وكذلك لبنان. وعندما سُئل عن الدور الذي ينبغي للدين أن يلعبه في المجتمع وكذلك تأثيره على الحكومة، أيّد البابا فرنسيس بشدة فصل سلطة الكنيسة عن سلطة الدولة، حيث قال إن الدولة ينبغي أن تكون علمانية، لكنها أيضاً تحتاج إلى قوانين قوية تضمن حرية العقيدة وعليها أن تضمن أن الأفراد، بمن فيهم المسؤولون، لديهم حق الاستنكاف الضميري.

حرية ارتداء المسلمة للحجاب

وقال بابا الفاتيكان إن أرادت امرأة مسلمة ارتداء الحجاب، ينبغي أن تكون لديها الحرية لفعل ذلك بنفس النظرة التي توجّه إلى أي امرأة كاثوليكية تريد ارتداء الصليب. وأضاف: **"ينبغي أن يمتلك الأفراد حرية التصريح بمعتقدهم الديني من خلال إبراز أهم ملامحه الثقافية وليس فقط من خلال الأمور الهامشية فقط".** كما وجه **"بعضاً من النقد"** تجاه فرنسا، موضحاً أن **"قوانين البلاد تبالغ في تطبيق العلمانية والفصل بين الدولة والكنيسة".**

ورأى الحبر الأعظم أن هذا الأمر ظهر بسبب النظر إلى الدين باعتباره "ثقافة فرعية بدلاً من اعتباره ثقافة مكتملة في حد ذاتها" وأنا أخشى من أن تلك النظرة، التي "يُنظر إليها على أنها جزء من ثقافة التنوير، قد تستمر. ففرنسا تحتاج أن تتخذ خطوة إلى الأمام في هذا المنحى؛ لكي تقبل حقيقة أن الانفتاح على ثقافة الآخرين يعد حقاً للجميع".

اللائكية الفرنسية: التجانسية والجنسانية[15]

د. مارثا نوسباوم

ترجمة: فاطمة الشملان

٢٠١٦/ ٩/ ٨

[15] موقع حكمة – الرابط:

http://hekmah.org/%D8%A7%D9%84%D9%84%D8%
A7%D8%A6%D9%83%D9%8A%D8%A9-
%D8%A7%D9%84%D9%81%D8%B1%D9%86%D8%B3%D9
%8A%D8%A9-
%D8%A7%D9%84%D8%AA%D8%AC%D8%A7%D9%86%D
8%B3%D9%8A%D8%A9-
%D9%88%D8%A7%D9%84%D8%AC%D9%86%D8%B3%D
/8%A7

والوارد هنا مقتطفات وليس النص الكامل للمادة.

فلنتأمل بقرب أكثر الحالة الخاصة لفرنسا. فعلى العكس من الأمم الأوروبية الأخرى، فرنسا متسقة إلى حد معين. فباعتبار تاريخها المناهض للكنسية والالتزام القوي **للائكية**، محظور على الدين أن يحدد معالم **المجال العام**، ويُسمح **للمجال العام** أن يزدري الدين على العكس من اللادين.

يؤدي هذا الالتزام إلى تقييد مدى عريض من الظواهر الدينية، يجري كله باسم فصل الدين عن الدولة، ولكن إذا ما نظرنا عن كثب، فإن تلك التقييدات غير متكافئة وتمييزية. تحظر المدارس غطاء الرأس الإسلامي واليهودي "**اليرمولكا**" مع العديد من الصلبان المسيحية "**الكبيرة**". ولكن هذا عبء غير متكافئ البتة، فأول قطعتين من الثياب هما فريضتان دينيتان للحريصين من تلك الديانات، بينما الثالث ليس كذلك: لا يخضع المسحيين تحت أي فرض ديني للبس أي صليب كان، فما بالك بواحد "**كبير**". إذن هناك تمييز متأصل في النظام الفرنسي.

هل ستكون **العلمانية الفرنسية** مقبولة إذا ما مورست بطريقة منصفة؟ وفقاً **للقانون الدستوري الأمريكي**، لا يمكن للحكومة تفضيل الدين على اللادين أو العكس. فعلى سبيل المثال كان إعلان **جامعة فيرجينيا** عن أنها ستستخدم رسوم الطلبة لتمويل كل المنظمات الطلابية الأخرى (السياسية، البيئية، إلخ) ولكن ليس الأندية الدينية أمراً غير دستوري.

علي أن أعترف بأني أفضل هذا التوزان على **اللائكية الفرنسية**؛ حيث أعتقد أنها أنصف للأناس المتدينين. هذا الفصل ليس كاملاً حتى في فرنسا: حيث سيظل الحريق المشتعل في الكنيسة يُطفئ من قبل المطافئ العامة؛ ولا تزال الكنائس تحصل على الماء العام والمجاري العامة. ومع هذا يظل حجم ونوع الفصل الذي تأمر به فرنسا يبدو غير منصف في ضوء المبدأ الذي دافعتُ عنه ولو كان هذا الفصل مفهوم تاريخياً.

فلنتأمل الآن لغة القانون المحظر للنقاب. إنه يمنع "**ارتداء لباس مصمم لإخفاء الوجه**".

....

ثم تأتي القائمة الطويلة من الاستثناءات: إن المنع المشروح في الفقرة الأولى لا ينطبق على لباس موصوف أو مشرّع من قبل إدارة تشريعية أو تنظيمية، إذا كان مبرراً بدواعي صحية أو مهنية، أو إذا كان مُتبنى في سياق الممارسات الرياضية، المهرجانات أو الأداء الفني أو التراثي.

....

إن ردة فعل المرء الأولى لهذه القائمة الزاخرة هي أن القانون حاول أن يشمل كل مناسبة ممكنة لتغطية الوجه عدا النقاب. وبالتأكيد لو مضينا في قائمتي للحالات الموازية، فسنجد أغلبها تتعامل مع: المتزلجين والمتزحلقين رياضياً، الأطباء وأطباء الأسنان من حيث المتطلبات المهنية،

وكمامتي في المكتب من باب الوقاية الصحية، واستخدامات مسرحية متنوعة للقناع من قبل "الأداء" الجمالي والتراثي. لا أعرف ما يحصل لي في شيكاغو خلال الشتاء، ولكني متأكدة من أني سأستثنى على أساس الصحة (santé). إلا أنه من الجلي مع هذا، بأنك لا تحصل على اتساق في المبدأ عبر صف ببساطة كل شيء كاستثناء للمبدأ عدا الشيء الوحيد الذي لا يعجبك حقاً.

للفرنسيين رد على هذا. حيث أنهم لا يعفون أي مناسبة دينية أو دافع لتغطية الوجه. إلا أنهم في حالة اللبس النظامي للمدرسة قد فعلوا: حيث أظهرت تلك الصلبان **"الصغيرة"** تفضيلاً للغالبية المسيحية. (وبالمثل إن حظر غطاء الرأس للمسلمات في الدول الأخرى التي تُعفى الراهبات في زيهم الكامل هو عدم اتساق وصيغة من تفضيل الغالبية).

من وجهة نظر مبدأنا عن الليبرالية المتكافئة، فإن سياسة **اللائكية** برمتها مغلوطة، حيث أنها تمنح امتيازاً للادين على الدين وتقيد التعبير الديني دون مصلحة قاهرة للدولة (عدا **اللائكية** نفسها). لكننا لا نطرح هذا السؤال في هذه المرحلة وإنما نسأل عن الإنصاف ضمن الأديان. هل يعني تطبيق هذا الحظر على كل الأديان بأنه محايد حقاً — على العكس من الزي الرسمي للمدرسة؟ حسناً، بالتأكيد، بالرغم من أن كلمة نقاب لم ترد في التشريع، فإننا نفهم جيدا وبشكل تام بأن هذا هو كل ما في الأمر. ويُظهر واقع أن القانون كان سخياً جداً في الإعفاءات الثقافية والمهنية الأخرى بأن الفرنسيين ليسوا قلقين من الممارسة بعينها إلا حين

١٠٠

تكون ظاهرة دينية. ولكن مع هذا، أليس ذلك متسق وإلى حد ما مع تطبيق محايد لسياسة **اللائكية**؟

إن المعضلة التي نحن بصددها الآن هي عدم امتلاك دين آخر لزي من هذا النوع تحديداً. إذن ما فعله القانون هو أنه انتقى شيئاً ذي أهمية مركزية على الأقل لبعض من أعضاء ديانة واحدة وإسقاط عبء ثقيل عليه، دون إسقاط ذات العبء على الممارسات المركزية والعزيزة للديانات الأخرى. وبالفعل، يبدو من الجلي بأن المرء لن يُغرّم إذا أشر بصليب على نفسه في مكان عام، أو انشاد ترنيمة دينية أثناء ما يسير المرء في الشارع، أو لارتداء أي نوع من الزي الديني عدا النقاب: **رداء الكاهن، الراهبة، لباس الحسيدية، الزي الزعفراني للكهنة الهندوس —** يبقى كل أولئك غير مدينين.

إذن هو محايد في جانب، وغير محايد على الإطلاق في جانب آخر. في هذه المرحلة سيلوذ المدافعون عن الحظر عادة إلى واحدة من الجدليات أو الأخرى، قائلين بأن النقاب، على عكس أكثر صفات الثياب، هو خطر أمني وعائق للعلاقات الطبيعية بين المواطنين، وهكذا دواليك. ولكن واقع أن الحكومة لا تلقي لتلك المنطقيات بالاً جلي في أنها تسمح باستثناءات عديدة لهذا الحظر. حتى الحفلة التنكرية العمومية، حيث يغطي مئات من البشر وجوههم، تتلقى دفاعاً صريحاً في ذاك الصرح. إذن من الواضح أن الحكومة لا تفكر بأن الأمن يوفر مصلحة قاهرة لصالح التقييد: الذي يُنفخ غالباً ببوق من المصالح الواهية جداً وحتى

تافهة. وبذا أختم بأن الحظر الفرنسي ليس محايداً حقيقة، بل محايد بالدرجة الذي به زي المدرسة الرسمي محايداً. غير أن الاعتراض الواضح هو أن **العلمانية الفرنسية** لا تسمح بحرية فسيحة للالتزام الديني، ويمكننا إضافة التحيز على هذا الاعتراض.

فبشكل عام، يستعرض القانون الفرنسي انحيازاً لصالح الطريقة السائدة والمألوفة للحياة الفرنسية، أياً كانت تلك الطريقة. واضح للعيان أن الشعب الفرنسي متغاير، وكانت سياسة النقاب موضعاً لكثير من الجدل. ومع هذا لا يبدو مستغرباً رؤيته معبراً عن بعض من معايير المجتمع السائدة. لقد حاجت التاريخية جوان سكوت بشكل مقنع وحصيف (فيما يتعلق بغطاء الرأس، قبل أن يأخذ النقاب موقعاً مركزياً بزمن)، إن الجدال عن اللباس الإسلامي يختزل الإصرار الدوغمائي للطريقة الفرنسية لتصبح المرأة امرأة، حيث تُستعرض الجنسانية بشكل عرضي كصيغة من المبادرة الفردية والتعبير الشخصي الذاتي. هذا الفهم الجنساني عن الأنوثة يُؤخذ على أنه "**عصري**"، ويؤخذ كل شيء سواه على أنه رجعي، قمعي، ومُهدِد: "**كان التعارض بين الثقافة الفرنسية والإسلامية أيديولوجي البناء اختزل الواقع المعقد إلى بسيط، أي إلى فئات تعارضية**"، بالطبع هذه الطريقة من التفكير معيبة بشكل كبير لأنها تفتقر للاحترام الحقيقي والفضول. إنها تمنح مساحة للمألوف وتمنع نفس الاهتمام والحرية لغير المألوف.

إن الأمم الأوروبية تختلف بطرائق عدة، ولكل منها تاريخ متفرد يمكن أن يُسطر له كتاب بأكمله بطريقة متلونة. ومع هذا، تشترك كلها بالاهتمام بالتجانسية التي تسوقهم إلى ارتكاب بعض من الأخطاء المقلقة في المحاجة العمومية. لو كان تلك الأمم جزراً معزولة، كما رأت المستعمرات الأمريكية الأولى نفسها، لكان سبب سعيهم لمساحة منعزلة يمكنهم من خلالها الارتباط مع أناس من شاكلتهم مفهوماً أكثر على الأقل، أي نوع من النظير الوطني للمجتمع المسور.

كان المتدينون في **ماساتشوستس** مجتمعاً مسوراً بهذا المعنى، مبعدين الممتعضين والمهرطقين، والذين فيما بعد أرادوا السكنى في مكان آخر. حتى الترتيب كان مقلقاً، لأنه لم يوفر حرية فسيحة. لقد قلنا إن الكرامة الإنسانية لا تتطلب الحرية فقط بل الحرية الفسيحة. إن البشر كائنات باحثة، وحتى الناس الذين يبدؤون متفقين مع بعضهم ينتهون مختلفين مع بعضهم أثناء سعيهم لإيجاد معنى للحياة بطرقهم الخاصة. لقد حالت **ماساتشوستس** دون بقائهم إذا ما خالفوا الغالبية. إن الأمم الأوربية مماثلة لمتديني **ماساتشوستس** بطريقة لا تريح، منكرة على الأقليات مساحة متكافئة.

لو كان كل ما فعلته تلك الأمم هو امتلاك سياسات هجرة تفضل أولئك الذين على شاكلتهم، سيكونون على أي حال يقومون بفعل ما تقوم به كل الأمم حول العالم طوال الوقت. يمكننا أن نفكر بأن تلك السياسات شائكة، ويمكننا وعلينا أن نجادلها؛ لكن الدول المعنية لن

تعامل مواطنيها بإجحاف على الأقل. إلا أن ذلك ليس الحال في أوروبا، فكل الأمم الأوروبية متعددة مسبقاً، لأن جميعها قد أدخلت، بل سعت، إلى عمال لتوفير مقادير مهمة للمصلحة الوطنية. حيث يشمل **الاتحاد الأوروبي** على مبدأ ملتزم لحرية حركة العمال ضمن الأمم، بما فيها حرية حركة العديد من ذوي البشرة الداكنة و/أو المسلمين إلى أراض يسودها الشقر والمسيحيين. إن الالتزامات بأسباب المصلحة الوطنية، ومن ثَم معاملة الناس بشكل غير متكافئ لفشل أنكى من الفشل في ادخالهم منذ البدء. فمتى ما دخلوا، فإن المجتمع مجتمع متعدد، ويجب أن تُخلق جهود لمعاملة الكل باحترام متساوٍ.

بالتأكيد يحق للمجتمعات اتخاذ إجراءات تستقر بها كنه قيمها وثقافتها السياسية في وقت تزايد الهجرة. أحد الإجراءات الجلية، والتي تستخدمها معظم لأمم، هو التوجيه المدني الفرضي — في كل من المدارس العامة والخاصة والدينية التي تسعى لنيل اعتماد.

وفي هذا، لم تفعل الولايات المتحدة جيداً كما يمكنها، حيث وبالرغم من حكم **المحكمة العليا** بفرض **التربية المدنية** على المدارس الخاصة والأجنبية، فإن التعليم المنزلي مجاز بمتطلبات رخوة للغاية، مما أسفر عن نمو العديد من اليافعين دون فهم لتنوع مجتمعهم أو كنه قيم الاحترام والمساواة التي تجعله متماسكاً. كما يمكن للمجتمعات الإصرار على عدم التفرقة في المساحة العمومية وتعريف المساحة بشكل عريض، شاملة محلات التجزئة برمتها وأي أبنية مؤجرة تحوي أكثر من عدد قليل من

الوحدات. وبهذا يحمون المساحة العامة كمساحة يلتقي فيها المواطنون المتنوعون ببعضهم البعض على أرضية متساوية.

فلا يمكن للأقلية أو الأغلبية، بدخولهم تلك المساحة، عزل أنفسهم عن الالتقاء بأولئك المختلفين. على التفرقة في المساحة العامة أن تكون غير قانونية وهي حقاً كذلك، وعلى الأقلية كما الأغلبية الامتثال لقوانين عدم التفرقة فيما يخص المباني العامة. بالإضافة إلى أن على كل الأمم التشديد على القيم الخالصة للتوجيه والاختبار الوطني. يمكن للأمة أن تستخدم بذكاء الأعمال الفنية العمومية، الحدائق العامة، المهرجانات الشعبية، والخطاب السياسي لتذكية جذوة المشاعر المرتبطة بالقيم السياسية الصميمة، وهو مشروع حاسم لاستقرار تلك القيم، كما استبصر القادة الناجحين من ابراهام لينكون إلى مارتن لوثر كينغ الابن. تلك جميعها خطوات إيجابية؛ لا تتطلب أيا منها حظراً للممارسات الدينية الشخصية والطوعية، كما لا تتطلب أيا منها إلقاء أعباء إضافية على الأقليات.

التحيز بشع، وبالفعل كما قال كانط، يصلح لأن يترشح كصيغة أولية للسقوط الأخلاقي. علينا ألا نسمح للتحيز في قوانيننا ومؤسساتنا، وعلينا أن نحاول تجنبه باستماتة في تعاملاتنا الغير رسمية مع من يشاركوننا المواطنة. نملك فرصة تجنبه فقط إذا ما حاولنا بكل ما أوتينا من قوة قيادة الحياة المجربة. *

١٠٥

• كناية عن مقولة سقراط "الحياة التي لم تُجرّب هي حياة لا تستحق العيش لبشر". (المترجمة)

علمانية فرنسا منعت شيراك من استقبال توم كروز(¹⁶)

القبس ٨ سبتمبر، ٢٠٠٤

باريس – أ. ش. أ.

رفض الرئيس الفرنسي جاك شيراك مقابلة الممثل الاميركي توم كروز خلال زيارته الاخيرة لفرنسا، معتبراً إياه بأنه شخص غير مرغوب فيه في قصر الإليزيه بسبب انتماء الأخير إلى كنيسة ساينتولوجي.

(¹⁶) موقع جريدة القبس الكويتية – الرابط:

https://alqabas.com/165076/

وأضافت الصحيفة أن شيراك لم يرغب في مقابلة توم كرور إدراكاً منه بأن **كنيسة ساينتولوجي** سوف تستغل هذا اللقاء لعمل دعاية لها ولأفكارها، التي ترفضها قوانين الجمهورية الفرنسية.

وقالت **"ليبراسيون"** إنه خلافاً لموقف شيراك فإن وزير اقتصاده والمرشح لرئاسة الحزب الحاكم في فرنسا نيكولا ساركوزي لم يشعر بأي حجل من استقبال توم كروز في مبنى **وزارة الاقتصاد والمالية** — وكان الاستقبال مدوياً مما اثار احتجاجات مع علمانية الدولة الفرنسية — لم يتناول مع توم كروز أفكار الكنيسة .. بل اقتصر اللقاء على التحدث عن السينما والعلاقات الفرنسية الاميركية.

وقد ادى لقاء ساركوزي وكروز الى احتجاجات عاصفة، حيث انتقد النائب الفرنسي جون بيير براد — عضو **لجنة التوجيهات الوزارية الخاصة بمكافحة المذاهب** في فرنسا — قيام ساركوزي باستقبال كروز في وزارة من وزارات الجمهورية الفرنسية. وتساءل النائب: **"كيف يسمح وزير من وزراء الجمهورية لنفسه باستقبال عضو بارز في كنيسة ساينتولوجي؟"**، رافضاً التبريرات التي ساقها ساركوزي. وقال براد: **"لو قبلنا بمنطق ساركوزي، فإنه سيكون علينا أن نقبل أن يقوم وزير من وزراء الجمهورية الفرنسية باستقبال رئيس لمنظمة تهريب المخدرات أو منظمة للدعارة، دون أن يتحدث معهما الوزير عن تهريب المخدرات أو عن الداعرات"**.

ماكرون يذهب إلى الكنيسة: كيف يغازل الرئيس الشاب المشاعر الدينية؟[17]

محمد الدخاخني
باحث ومترجم مصري
١٣/ ٦/ ٢٠١٨

---

[17] موقع حفريات – الرابط:

https://www.hafryat.com/ar/blog/%D9%85%D8%A7%D9%83%D8%B1%D9%88%D9%86-%D9%8A%D8%B0%D9%87%D8%A8-%D8%A5%D9%84%D9%89-%D8%A7%D9%84%D9%83%D9%86%D9%8A%D8%B3%D8%A9-%D9%83%D9%8A%D9%81-%D9%8A%D8%BA%D8%A7%D8%B2%D9%84-%D8%A7%D9%84%D8%B1%D8%A6%D9%8A%D8%B3-%D8%A7%D9%84%D8%B4%D8%A7%D8%A8-%D8%A7%D9%84%D9%85%D8%B4%D8%A7%D8%B9%D8%B1-%D8%A7%D9%84%D8%AF%D9%8A%D9%86%D9%8A%D8%A9%D8%9F

حتّى وقت قريب، لم يكن لدى إيمانويل ماكرون سوى القليل ليقوله حول **اللّائكيّة**، بما هي الفصل القانونيّ بين الدّين والدّولة، وأيضاً الثّقافة الأشمل للعلمانيّة والعداء لرجال الدّين في فرنسا، ولما كان من الصّعب بمكان على نحو معروف أن يثبّت موقعه كمرشح في الانتخابات الرئاسية العام الماضي، فإنه، كما هو مرجَّح، لم يرَ فائدة تذكر في إبداء موقف بشأن موضوع صار جدالياً بشكل متزايد في الأعوام الأخيرة، وعلى مدار فترة رئاسته، قام ماكرون، في معظم الأحيان، بتفويض مارلين شيابا للحديث حول **اللّائكيّة**، وهي تشغل موقع وزير الدولة المسؤول عن قضايا المساواة بين الجنسين، وكذلك وزيره لشؤون التعليم جان ميشيل بلانكي، وفيما دعم أعضاء حكومته هؤلاء تقريباً ما يسمّيه البعض: "**النّهج الصّارم للعلمانيّة**"؛ فإنّ ماكرون نفسه ألمح أحياناً إلى اتّباعه نهجاً مختلفاً، محذّراً ذات مرّة من "**ردكلة اللّائكيّة**"، وتماشياً مع روحه المعروفة بعث رسائل متناقضة "**في الوقت نفسه**"، فقد منحت الأشهر الأولى لماكرون في المنصب كلاً من العلمانيين ونقادهم شيئاً ليكون موضع كراهية من جانبهم.

وفي شهر نيسان (أبريل) الماضي، قام ماكرون بخطوة مثيرة للجدل تمثّلت في قبول دعوة للتحدث في **المؤتمر السنوي لأساقفة فرنسا**، وفي بلد له تاريخ طويل في الصراع العدواني ضدّ رجال الدين، فإنّ حقيقة أنّ

الرئيس قد يجتمع في غرفة مع كبار رجال الدين في الكنيسة الكاثوليكيّة، كانت كافية لإثارة بعض مخاوف العلمانيين من أنّ التزام ماكرون بـ **اللّائكية** كان أقلّ رسوخاً، وبعد دقائق من خطابه، بدا الرئيس الشاب كأنّه يؤكد هذه المخاوف، معلناً للأساقفة أنّ "**الصِلة بين الكنيسة والدولة أصبحت متوترة، والأمر متروك لنا لإصلاحها**".

العلمانية لا تستطيع أن تفصل فرنسا عن جذورها المسيحية[18]

روما: روبير شعيب

٢١ ديسمبر ٢٠٠٧

وكالة زينيت الإخبارية (Zenit.org)

العلمانية لا تستطيع أن تفصل فرنسا عن جذورها المسيحية، هذا ما قال الرئيس الفرنسي نيكولا ساركوزي خلال خطاب تلاه أثناء احتفال تلاه في **بازيليك القديس يوحنا** في اللاتران. جاءت كلمات ساركوزي في معرض احتفال تلقى خلاله وسام شرف فاتيكاني كان يمنح تقليديًا لملوك فرنسا، ويمنح الآن لرؤساء الجمهورية الفرنسية.

---

(١٨) موقع وكالة زينيت الإخبارية الكنسية الإيطالية – الرابط:

https://ar.zenit.org/articles/العلمانية-لا-تستطيع-أن-تفصل-فرنسا-عن-جذ/

وقد شدد ساركوزي في كلمته على أن الأديان ليست خطرًا بل موردًا للدولة، كما ولفت ساركوزي في خطابه أن العلمانية لا تستطيع أن تفصل فرنسا عن جذورها المسيحية؛ وشدد على أن استئصال الجذور يعني حتمًا ضياع المعنى، وإضعاف أرضية الهوية الوطنية وإسقاط الجفاء على العلاقات الاجتماعية التي هي بحاجة ماسة لرموز ذاكرة الماضي. ومن ناحية أخرى صلى الكاردينال رويني لكي يعتنق السياسيون الفرنسيون دومًا سبيل السلام والإنماء والتقدم الثقافي. نذكر بأن كان هنري الرابع كان أول من تلقى وسام الشرف هذا في عام ١٦٠٤.

بوصندل: منع الحجاب يعني الاضطهاد الديني لمسلمي فرنسا[19]

سفيرة فرنسا لم تحضر ندوة عن "الحجاب"

الوسط – سلمان عبد الحسين
٢٧ يناير ٢٠٠٤
العدد ٥٠٩

اعتذرت السفيرة الفرنسية عن الحضور إلى "**ندوة الحجاب**" التي نظمتها "**الجمعية الإسلامية**" مساء أمس الأول، إذ أكدت – بحسب المنظمين – في البداية لمنظمي الحفل أنها ستحضر شخصياً، ثم أشارت إلى أنها سترسل من يمثل السفارة في الندوة، إلا أن ممثلي السفارة الفرنسية اعتذروا في اللحظات الأخيرة قبل بدء الندوة.

---

[19]) موقع جريدة الوسط البحرينية – الرابط:

www.alwasatnews.com/news/368023.html

وأكد مقترح الفكرة، وأحد المتحدثين الرئيسيين في الندوة الشيخ إبراهيم بوصندل **"أن منظمي الندوة كانوا يحرصون على سماع وجهة النظر الفرنسية في قضية منع الحجاب، ونأمل أن يتيسر سماع وجهة النظر الفرنسية في القريب العاجل"**.

وكان الشيخ إبراهيم قد تكلم عما وراء **قانون منع الحجاب** في فرنسا، فتساءل: هل هو مجرد منع للرموز الدينية، أم أن وراء المنع أسباب أخرى، كتحجيم المد الإسلامي، والتصدي لتنامي الدعوة الإسلامية في فرنسا، إذ أصبح المسلمون في فرنسا رقماً صعباً، لأنهم يمثلون أكبر تجمع إسلامي في أوروبا، إذ يبلغون من ٥ إلى ٦ ملايين مسلم، نصفهم ولدوا في فرنسا.

وتساءل الشيخ بوصندل عما إذا كان **اللوبي الصهيوني** له دور في التأثير على اليمين الفرنسي المتطرف، لإقناع صناع القرار السياسي في فرنسا بإصدار هذه القوانين التي تستفز المسلمين، وتخلق مواجهة بينهم وبين حكوماتهم في أوروبا، كما تساءل عن أبعاد هذا القانون، وما إذا كانت فرنسا ستكتفي بمنع حجاب التلميذات، أم أن ذلك هو البداية لاتساع دائرة المنع، لتشمل المستشفيات والدوائر الحكومية ووسائل الإعلام والأماكن العامة وغيرها.

وتطرق بوصندل إلى تبعات هذا القانون أيضاً وما سينتج عنه في حال تطبيقه، مبيناً أنه سينتج زيادة في الأعباء على المسلمين إذا لجئوا إلى

التعليم الخاص، والاضطهاد الديني لهم، إذ سيشعر المسلمون في فرنسا أنهم مواطنون من الدرجة الثانية بسبب الدين والمعتقد، أو المقايضة بين التعليم وبين نزع الحجاب، والدفع بالمسلمين إلى مزيد من الانعزال عن المجتمع، وهو عكس ما يريده الرئيس الفرنسي جاك شيراك على حد قوله.

من جهة أخرى، تساءل **المنتدي الثاني** الشيخ أحمد العطوي عن مدى قانونية إصدار **قانون منع الحجاب** بحسب **الدستور الفرنسي** والمواثيق الدولية، فأكد أن هذا القانون لا يجوز إصداره لأنه يتعارض مع نصوص وروح **الدستور الفرنسي**، الذي يدعو إلى **الحرية والمساواة والإخاء**، كما يتعارض مع علمانية فرنسا، إذ أن العلمانية بحسب العطوي تنقسم إلى قسمين، علمانية جزئية أو ليبرالية، لا تتبنى الدين، ولكنها لا تعاديه، وتقف من الأديان موقف الحياد، وعلمانية شاملة تعادي الدين، وتحاول إقصاءه عن الحياة كالماركسية.

واختتمت الندوة بقراءة البيان الذي سيرسل إلى السفارة الفرنسية، وفيه موقف خطباء وطلبة العلم في البحرين الرافض لهذا القانون المزمع إصداره، إذ طالبوا صناع القرار في فرنسا بالتريث والمشاورة وإعادة النظر في تبعات هذا القانون الذي سيكون بمثابة امتحان لفرنسا ولعلمانيتها، إذ سيرسل هذا البيان إلى السفارة الفرنسية في البحرين، بعد تخلف سفيرتها عن الحضور.

وبحسب المنظمين، فقد وجهت الدعوة إلى الجمعيات الإسلامية من مختلف التيارات، إلا أن الكثير منها لم يحضر، سوى طيف واحد هو طيف منظمي الندوة.

نظام التعليم في فرنسا (ظهور العلمانية واختفاء الدين)[20]

Oriental Studies

January 20, 2012

[20]) موقع دراسات مشرقية – الرابط:

https://omarjasim.org/2012/01/20/%D9%86%D8%B8%D8%A7%D9%85-%D8%A7%D9%84%D8%AA%D8%B9%D9%84%D9%8A%D9%85-%D9%81%D9%8A-%D9%81%D8%B1%D9%86%D8%B3%D8%A7-%D8%B8%D9%87%D9%88%D8%B1-%D8%A7%D9%84%D8%B9%D9%84%D9%85%D8%A7%D9%86%D9%8A%D8%A9-%D9%88-2/

والوارد هنا مقتطفات وليس النص الكامل للمادة.

تمهيد

– التعليم في العصور الوسطى (EDUCATION IN
MIDDLE AGE)

إن التعليم بمفهومه الحالي إنما هو نتاج **النهضة وعصر الأنوار،**
ولكن للتعليم جذور تمتد إلى القرون الوسطى، ونحن لسنا بصدد تتبع تلك
الجذور بشكل تفصيلي، إنما نريد أن نبين بالإيجاز ما آل إليه التعليم في
فرنسا، وقبل ذلك علينا أن نتطرق إلى التعليم في القرون الوسطى، ولاسيما
في أوربا، فتلك الفترة كانت أوربا اقتصادياً فقيرة، ولم تكن وسائل الإنتاج
العصرية قد ابتكرت، وهذا بالطبع تعليق على تعريف واحد: "**التخلف**"،
وذلك أن التخلف مناسب للانجازات الرائعة في الفن والحضارة، والمجتمع
المتخلف يعني أن عامة الشعب فقراء.

كان التعليم منذ عهد شارلمان وما تلاه في أيدي الأديرة
والكاتدرائيات، وقامت بعض المدارس الشهيرة في شارتر وبيك
(CHARTRES, BEC). ومن هذه المدارس التي كانت تعنى
بالدرجة الأولى بإعداد تلامذتها لمختلف وظائف الكهنوت والأديرة،
نشأت الجامعات. وفي إيطاليا، مهد الثقافة، فإن الجامعات على الرغم من
طابعها الديني، كانت لها مدارس مهمة في القانون والطب، ولهذا التطور
علاقة باتصالات إيطاليا عن طريق بيزنطة بالعالم العربي، وكانت الجامعات

منذ بدء عهدها شبيهة بالنقابات، تحمي المحامين والأطباء والكهنة من تطفلات الذين لم يمروا بمثل ما مروا به من مراحل إعدادية وتأهيلية.

وألّقت الجامعات رابطات فيما بينها للمساعدات المتبادلة، واحتكرت وحدها حق تعليم الفنون وأصبحت الجامعة المجمع المعترف به من قبل الكنيسة كصاحبة السلطة في إعطاء الترخيص بالتعليم في كل الجامعات الأخرى، وهكذا فإن التعليم في أوربا الوسطى كانت سلطته النهائية منوطة بترخيص من البابا أو الإمبراطور أو الملك، فمنذ قيام **الإمبراطورية الرومانية** وحتى اندلاع **الثورة الفرنسية** في عام ١٧٨٩، كانت المعرفة تعطى من قبل آباء الكنيسة، حيث إن وظيفة التعليم تعتبر من الوظائف الاجتماعية للكنيسة حصراً.

وبينما كان تعليم الأولاد دون المستوى الجامعي في أيدي مدارس لها أسس متصلة بالدير أو الكاتدرائية، كانت الكنيسة تمارس هيمنتها على التعليم، إذ كان القس هو المربي والمدرس الوحيد. وكانت هناك جامعات قديمة أمثال **جماعة ساليرنو** استوحت الشيء الكثير من علماء الإغريق واللاتين والعرب، فأصبحت مراكز دولية، ويقال إن الجامعات كانت مصنفة إلى صنفين، تلك التي كانت فيها سلطة المعلمين هي العليا (كجامعتي: **باريس وأكسفورد**)، وتلك التي كانت عبارة عن مجموعات من العلماء أمثال **جامعة بولونيا** (Bologna). ويظهر أن طراز هذه الجامعة الأخيرة كان أكثر شيوعاً في جنوبي أوربا.

وعلى مرّ الزمن أصبح الفرق بين الجامعات التي كانت سلطتها في أيدي الأساتذة والجامعات التي كانت سلطتها في أيدي علمائه من جهة، وبين تلك التي كانت عبارة عن مجموعات من الطلبة مستقلة ذاتياً (وأعداؤها الطبيعيون الرعاع) والتي كان أساتذتها يختارون لأنهم معلمون عظام، أصبح هذا الفرق على جانب كبير من الأهمية. وأصبحت الحرية العامة والنشاط في الجامعات الايطالية العظيمة التي يسيطر عليها الطلاب، والأصل لحمل عملية التنوير والتوعية.

ولكن في القرن الثالث عشر عندما اندمجت أفكار أرسطو في المذهب المسيحي، اقترب هذان النوعان من الجامعات من حيث الشكل والمهمة ، وأخيراً أصبحت الجامعات، ولاسيما في أوربا الجنوبية، وسيلة النقل للانطلاقة العظمى للإنسانية التي أدت إلى ظهور العالم الحديث. وفي تلك المرحلة بالذات أخذت المدارس تعنى بأمور غير دينية، كما أن صلاتها بالاقتصاد وإدارة الدولة أصبحت مهمة، وكانت **المدارس الإليزابيثية** الثانوية في انكلترا والاصطلاحيتان في **أكسفورد وكامبردج** (اللتان أنشئت على غرارهما أولى مدارس انكلترا الحديثة) هي الطابع المميز للمجتمع العلماني الذي أخذ يعم أوربا. وسنتحدث عن ظهور مصطلح العلمانية في التعليم في فرنسا.

‫‐ ظهور العلمانية في التعليم (LAÏCISATION)

من الصعب تحديد تاريخ لولادة مفهوم العلمانية، كغيره من المفاهيم، إذ أخذت ولادته وتطوره تتجذر في ظروف (سياسية، اجتماعية، تاريخية، شخصية)، وقد تأكد وجوده بتشريعات قانونية مرتبطة بحركات فكرية في فرنسا، وعلى أية حال فقد سيطرت حقبتين زمنيتين على تطور المفهوم، أولاهما في ثورة ١٧٨٩، والأخرى في أعقاب تدهور العلاقة بين الكنيسة والدولة في القرن التاسع عشر.

ومن الجدير بالذكر أن ولادة هذا المفهوم أحدثت تغيرات عديدة في النظام الاجتماعي والأخلاقي فضلاً عن التربية والتعليم، فالمدرسة تعد أول مكان تم فيه تطبيق العلمانية على المجتمع، وخرج كل ما يمكن اقترانه بالتعليم الروحي (اقتراناً بالتعليم الجسدي والعقلي والرياضي) تدريجياً من حقل التعليم العام، ومن المدرسة الرسمية (العامة) والعلمانية (المعلمنة).

لقد ارتبطت ثورة ١٧٨٩ في فرنسا بشعار: "**حرية، مساواة، إخاء**" وإعلان "**حقوق الإنسان والمواطن**"، كما ارتبطت — وهذا غير معروف كثيراً — بوضع "**المشاريع**" التربوية و"**البرامج**" التعليمية من أجل "**تحقق**" الشعار و"**تطبيق**" الإعلان. وعليه، فقد احتلت المسألة التربوية/ التعليمية موقعاً أساسياً وحيوياً في فكر الثوار وممارستهم .... ويحضر هنا — على الفور — اسم كوندورسيه رئيس "**لجنة التعليم العمومي**" التابعة لـ "**المجلس التشريعي**". كما أنه، وعلى امتداد العقود التالية (بالضبط من حكم نابليون بونابرت في ١٧٩٨ إلى نهاية الإمبراطورية الثانية في ١٨٧٠)، عرفت المسألة التربوية/ التعليمية في فرنسا منعطفات وارتدادات

قامت "الجمهورية الثالثة" بحصرها وتجاوزها في نطاق ما دعي بـ "التعليم الجمهوري".

فأصبح من نتيجة **الثورة الفرنسية** أنه على المساواة في الحقوق كما فهمها الثوار الشعبيون أن تزيل التفاوت في شروط الحياة، فتعلمنت المساعدة الاجتماعية واعتبرتها **الجمعية التأسيسية** خدمة عامة على إثر مصادرة أملاك الاكليروس الذي كان مكلفاً بها في النظام القديم، وبالتالي خرجت الخدمة الاجتماعية علمانية، وكان التعليم موضوع اهتمام مستمر من قبل الجمعيات الثوروية، ومع ذلك جلبت إعادة تنظيمه خذلاناً للجماهير الشعبية. فأعلنت الجمعية التأسيسية باكراً عن نيتها في تجهيز البلاد بنظام جديد للتعليم، وسجلت في "**المؤهلات الاساسية التي يضمنها الدستور**" مبدأ "**تعليم عام مشترك لجميع المواطنين مجاني بالنسبة لأقسام التعليم اللازم لجميع الناس**".

وبالتالي صدر قانون في ٣ أيلول/ سبتمبر ١٧٩٢ بالتأكيد على مبدأ حرية الديانة والمعتقد، "**لا يمكن لأي أحد أن يقلق على أراءه، حتى الدينية منها**"، ومن خلال هذا القانون التأسيسي تم الاقرار بانشاء (تعليم عام – رسمي – بجاني) لكل المواطنين. فالثورة ورجالها أرادت أن تعيد تشكيل المواطن وأن تثبت في ذهنه المباديء الاساسية للمواطنة، وقد اكتفت في الواقع بتأمين سير مؤسسات التعليم التي كانت قائمة مضيفة في ٢٨ تشرين الأول/ أكتوبر ١٧٩٠ بيع الممتلكات العائدة إليها، وعملت على تمويل المعاهد. وفي ١٠ أيلول/ سبتمبر ١٧٩١ فقط

استمعت دون مناقشة، إلى **تقرير تاليران**. واهتمت **الجمعية التشريعية** أكثر منها ببلوغ الهدف فأنشأت لجنة للتعليم العام، فكان عملها الأساسي تحضير مشروع عن تنظيم شامل للتعليم العام قراه كوندرسيه (1741 – 1794) في مقصورة **الجمعية العليا** في ٢٠ و٢١ نيسان/ أبريل ١٧٩٢. لذا وقف بكل ثقله المادي والرمزي في خندق المبشرين بقدرة الإنسان على تجاوز ذاته باستمرار، وبالتالي، إمكانية ميلاد **"الإنسان الجديد"** – الإنسان المستنير – عبر عملية التربية والتعليم التي ينبغي أن تكون في مقدمة مسؤوليات السلطة الثورية الجديدة. وعليه، سعى كوندورسيه من موقعه كرئيس لـ **"لجنة التكوين العمومي"** إلى وضع معالم مشروع تربوي تنويري تضمنه – بالخصوص – تقريره: **"حول التنظيم العام للتكوين العمومي"**.

وهذا المخطط وهو أهم المخططات التي قدمت للجمعيات الثوروية ويحمل طابع عصره باتساع نظرته، وتفاؤله العميق. فهو يهتم بتطوير كل القدرات وكل المواهب عن طريق التعليم **"وبذلك يبغي اقامة مساواة واقعية بين المواطنين"**، وعلى الرغم من أهمية هذا المشروع، إلا أن الجمعية لم تخصص الوقت الكافي لمباشرة مناقشة مشروع كوندرسيه. رغم أن الدولة قد تحولت إلى العلمانية منذ ١٧٩٢.

وسجل **المؤتمر الوطني التعليم ضمن حقوق الانسان**؛ فقد نصت المادة ٢٢ من إعلان ٢٤ حزيران ١٧٩٣: **"التعليم حاجة لكل**

إنسان. وعلى المجتمع أن يسهل بكل قدرته تقدم العقل العام وأن يضع التعليم في متناول جميع المواطنين". وفي ١٣ تموز ١٧٩٣ قرأ روبسبيير في **المؤتمر الوطني** من: "**مخطط التربية القومية**" الذي وضعه ليبليتيه دي سان فارجو، وقد استوحى أكثره من روسو وهو يفرض احتكار الدولة، وفي هذه الأثناء كان المناظلون الشعبيون يطالبون على الأخص في عرائضهم حول قبول الدستور في تموز ١٧٩٣ بنظام تعليم يمنح الأولاد في وقت واحد تربية مدنية وتربية تقنية. فكان عليهم أن ينتظروا قرار ٢٩ فبراير من السنة الثانية (١٩ كانون الأول ١٧٩٣) عن المدارس الابتدائية. فقد أقرّ نظام تعليم مجاني والزامي وحر خاضع لمراقبة الدولة. وهو لامركزي يتفق تماماً مع الروح الشعبية، وبقي أمر تطبيقه.

وأهملت الحكومة الثوروية هذه المهمة لانشغالها بمتابعة الحرب، وكان خذلان الثوار الشعبيين عظيماً جداً بمقدار ما وضعوا أملاً أكبر في التعليم إذ رأوا فيه وسيلة لتقوية النظام وتحقيق المساواة في الحقوق. وحافظت **البرجوازية الترومیدوریة** في باديء الأمر على العمل الجبلي، ولكنها حولت تدريجياً سياستها في اتجاه مصالح طبقتها فأهملت المجانية والإلزامية، وفي ٩ أكتوبر من السنة الثالثة (٣٠ تشرين الأول ١٧٩٤) أصدر **المؤتمر الوطني** قراراً بفتح معهد للمعلمين لتخريج ١٣٠٠ شاب عينتهم الأقضية لروحهم الوطنية، في مدى أربعة أشهر وهم بدورهم سيسهرون على إعداد المدرسين. وأنشأ قرار ٢٧ برومير من السنة الثالثة

(١٧ تشرين الثاني ١٧٩٤) المدارس الابتدائية ولكن دون المحافظة على الإلزام المدرسي بنسبة مدرسة واحدة لكل ألف من السكان.

لقد تأسس التعليم على **المناقبية الجمهورية** مستقلاً عن كل ديانة موحاة، مع ذلك كان معترفاً لكل المواطنين بحق "**فتح مدارس خاصة وحرة تحت إشراف السلطات الدستورية**". وكان التعليم الثانوي يهم **البرجوازية الترميدورية** أكثر بكثير من التعليم الإبتدائي، لأن المهم اعداد أُطر للمجتمع الجديد والدولة الجديدة ، وبناء على تقرير من لاكانال قرار ٧ فانتوز أنشأ من السنة الثالثة (٢٥ شباط ١٧٩٥) "**لتعليم العلوم والآداب والفنون**" مدرسة مركزية في كل محافظة وفيها يتابع الطلاب ثلاث مراحل دراسية: من ١٢ إلى ١٤ سنة لغات قديمة وحية، تاريخ طبيعي، رسم؛ من ١٤ — ١٦ سنة رياضيات فيزياء وكيمياء؛ من ١٦ — ١٨ سنة قواعد اللغة العامة، الآداب، تاريخ وتشريع. لقد تحدثن التعليم بالأولوية الممنوحة للعلوم كما للغة والآداب الفرنسية. وبشكل بديهي انضم البحث والتعميم الى التعليم. وإذا كانت المناهج وطرق المدارس المركزية تتفق مع الحركة الأيديولوجية لـ **عصر الأنوار** فإن الردة المحافظة تجلت في غياب المجانية يلطفها مع ذلك إعطاء منح "**لتلاميذ الوطن**".

واسترعى التعليم العالي كذلك انتباه الترميدوريين فقد ألغيت الجامعات القديمة وكذلك الأكاديميات. ففي ١٤ تموز ١٧٩٣ نظم الجبليون المتحف بعد أن حولوا حديقة الملك متحفاً، وكان موضوعه:

"تعليم التاريخ الطبيعي العام مأخوذاً في كل مداه ومطبقاً بشكل خاص لتقدم الزراعة والتجارة والفنون"، وفي ٧ فاندمير من السنة الثالثة (٢٨ أيلول ١٧٩٤) أنشأ المؤتمر الوطني المدرسة المركزية للأشغال العامة التي أصبحت بعد سنة معهد البوليتكنيك، وفي ١٩ فاندمير (١٠ تشرين الأول ١٧٩٤) بناء على تقرير غريغوار تكرست كونسر فاتوار الفنون والمهن للعلوم التطبيقية، مستودعات الآلات والنماذج، أصبحت أيضاً مؤسسة لتعليم "استخدام الآلات والأدوات المفيدة للفنون والمهن".

وأنشأ قرار ١٤ فريمير من السنة الثالثة (٤ كانون الأول ١٧٩٤) ثلاث مدارس للصحة في باريس ومونبيليه وستراسبورغ ويضاف إلى ذلك مدرسة اللغات الشرقية ومكتب العلوم الرياضية والفلكية وقد تأسسا في ١٠ جرمينال (٣٠ آذار) و٧ ميسيدور من السنة الثالثة (٢٥ حزيران ١٧٩٥). ولتتويج هذا البناء نظم المؤتمر الوطني في ٣ برومير من السنة الرابعة (٢٥ تشرين الأول ١٧٩٥) المؤسسة القومية للعلوم والفنون (أنستيتيو)، فالثورة الفرنسية عملت على مساندة النزعة الثورية في فرنسا لانشاء نظام قومي للتعلم لمصلحة الشعب، وبعد أن قسمت إلى ثلاثة أقسام: (العلوم الفيزيائية والرياضية، العلوم المناقبية والسياسية، الآداب والفنون الجميلة) اختصت "بتطوير العلوم والفنون بواسطة أبحاث غير منقطعة وبواسطة نشر الاكتشافات والمراسلة مع الجمعيات العلمية والأجنبية". وكان على المؤسسة أن تبرهن وتحقق

وحدة العلوم وتضامنها. لقد أعلن دونو مقدم قرار القانون: "لا يمكن أن تقدر النتائج السعيدة لنظام ينبغي له أن يحافظ على العلوم والفنون في تقارب مستمر وإخضاعها لردة متبادلة في المعتاد للتقدم والمنفعة".

لقد وحد **القانون العظيم** الصادر في ٣ برومير من السنة الرابعة (٢٥ تشرين الأول ١٧٩٥) حول تنظيم التعليم العام هذه الانشاءات المختلفة في مجموعة كبيرة: المدارس الابتدائية، المركزية، المدارس الخاصة والمؤسسة القومية. ولكن ردة الفعل ازدادت وضوحاً. فالدولة تكتفي بتقديم السكن للمدرس الذي يتلقى أجوراً من التلامذة. وورثت **حكومة الإدارة** هذا التشريع، فقامت بجهد لتطوير **المدارس المركزية** التي عرفت نجاحاً حقيقياً في ١٧٩٦ و ١٨٠٢ إذ الغاها بونابرت وهي في عز انطلاقها.

وفي نهاية المرحلة، إذا بدا عمل الثورة في مادة التعليم مهماً فقد استمر مع ذلك ناقصاً. وألغي احتكار الكنيسة، وتعلمن التعليم وتحدثن، ولكنه اجتماعياً حصل على امتياز أقلية ضئيلة، وفي فانتوز من السنة الثانية طالب قسم الثوار الشعبيين الباريسي بتنظيم عاجل للتعليم الابتدائي "بنوع أن يكتسب كل من الافراد المواهب والفضائل الضرورية للتمتع بكمال حقوقه الطبيعية". وكان من ذلك اتصال بفكرة كوندرسيه العظيمة: تحقيق مساواة واقعية عن طريق التعليم "جعل

المساواة السياسية التي يعترف بها القانون حقيقية". وبعد عشر سنوات من الثورة كان التعليم بعيداً عن هذا الهدف.

– التنوير والتربية (ILLUMINATION &EDUCATION)

إذا كان التنوير في مضمونه العميق والدقيق — وحسب التحديد الكانطي الشهير — هو اكتساب حال الخروج من القصور إلى الرشد، وبالتالي، اكتساب الإنسان القدرة والجرأة على ممارسة التفكير العقلي ["لتكن لديك الشجاعة لاستخدام عقلك! ذلك هو شعار التنوير."]، فمسألة التربية تحتل في هذا السياق موقعاً معتبراً بل مركزياً وحاسماً. ومن هنا — بدون شك — اقتران صفة الفيلسوف بصفة المربّي إلى حدّ نعت **قرن الأنوار** في فرنسا — مثلاً — بـ **قرن الفلاسفة** وفي ألمانيا بـ **قرن المربين** أو البيداغوجيين، باعتبار أنّ هؤلاء وأولئك هم من عمل على نشر **الأنوار الحديثة** وإشاعتها ضد ظلام الجهل والتعصب الموروث عن العصور الوسطى ... وهذا عمل فلسفي ... تربوي ... بيداغوجي... بامتياز.

لكن ماذا عن التربية في معناها المحصور من حيث هي بالأساس عملية تعليمية — تعليمية مؤطرة برؤية وقواعد ومؤسسات؟ وكيف حضرت كمسألة وقضية في فكر التنوير وتبلورت في سياق تبلوره التاريخي العام على امتداد القرن الثامن عشر بالخصوص وما بعد؟ وكيف تجسّدت في

نماذج تربوية محددة يمكن إبرازها بهذه الصفة في القارة الأوروبية والأمريكية (النموذج الفرنسي، النموذج الألماني، النموذج الأمريكي؟).

– أثر التنوير في التربية والتعليم في فرنسا من ثورة ١٧٨٩ ... إلى نظام الجمهورية الثالثة (١٨٧٠ – ١٩٤٥).

لقد ارتبطت ثورة ١٧٨٩ في فرنسا بشعار: "حرية، مساواة، إخاء" وإعلان "حقوق الإنسان والمواطن"، كما ارتبطت – وهذا غير معروف كثيراً – بوضع "المشاريع" التربوية و"البرامج" التعليمية من أجل "تحقق" الشعار و"تطبيق" الإعلان. وعليه، فقد احتلت المسألة التربوية/ التعليمية موقعاً أساسياً وحيوياً في فكر الثوار وممارستهم .... ويحضر هنا – على الفور – اسم كوندورسيه رئيس "لجنة التعليم العمومي" التابعة لـ "المجلس التشريعي". كما أنه، وعلى امتداد العقود التالية (بالضبط من حكم نابليون بونابرت في ١٧٩٨ إلى نهاية الإمبراطورية الثانية في ١٨٧٠)، عرفت المسألة التربوية/ التعليمية في فرنسا منعطفات وارتدادات قامت "الجمهورية الثالثة" بحصرها وتجاوزها في نطاق ما دعي بـ "التعليم الجمهوري".

العلمانية .. صورة المجتمع المحايد[21]

٣ مايو ٢٠١٤

أجرى الحوارين: إبراهيم السخاوى

صلاح قنصوة

وسط عالم تتخاطفه الأحداث من كل جانب جاءت الحوارات، محاولة لترتيب أفكارنا والدوران فى فلك وعى جديد، لعلنا نصل إلى القدرة على إعادة التفكير فى الأسئلة المطروحة على الساحة العالمية.

فالحوارات التى نقدمها حول المستقبل بمثابة حفر معرفى فى أذهان النخبة العالمية الذين قبلوا بشجاعة تحدى الاجابة عن أسئلة محورية وشاملة حول الموضوعات الاكثر أهمية وحيوية على الساحة العالمية المعاصرة وارتدادتها على المحيط المصرى والعربى، ونتوقف عمداً عند محطات فكرية

(²¹) موقع جريدة الأهرام القاهرية — الرابط:

www.ahram.org.eg/NewsPrint/282906.aspx

ذات دلالة فى السياق التاريخى والحضارى منها التجربة الديمقراطية ...
ونتاجات الحداثة ... وحوار الحضارات والتعددية الثقافية فى مواجهة
العولمة .... ولا يمكننا أن نغفل هذه الثلاثية التى تثير جدلاً صعوداً
وهبوطاً، كراً وفراً، وهى الدين بالمعنى العام، والعلمانية، **والإسلام السياسى**
بوجه خاص. فجاءت **حوارات المستقبل** محاولة لقراءة هذا الوضع
المتفجر بالأسئلة المتشابكة. باختصار هى قراءات متأنية فى زمن متعجل.

حينما طرح مصطلح العلمانية نفسه علينا من خلال هذه
(الفورة) التصنيفية، لما هو إسلامي في مقابل ما هو علماني، وكيفية إدراك
الحاضر بحداثته العلمانية فى ظل استدعاء لإرث الماضى الذى ينتزع
الحاضر من وقائعه، ليقيده بتركة الماضى البعيد التى تمثل حقيقة مطلقة في
مقابل الادعاء بزيف الحداثة قرينة العلمانية. ومن حيث تختلط المفاهيم
والأفكار والمصطلحات تتوه المعانى ويضل الطريق، فينقطع المسار، وتتوقف
الخطوات لتطرح من جديد أسئلة فرضها (التيه) الذى ندور فى حلقاته
المفرغة والتى استدعاها هذا الضلال الذى نقاوم الغرق فى مستنقعاته
الموحله فنلوذ بقراءة عميقة، وجديدة لمصطلحات استفزت أغراضها
الاصطلاحية واصبحت متضمنة فى سياق الحياة اليومية.

إن العلماني كما سنرى هو الإنسان العادي أو رجل الشارع
الذي يمارس حياته كأنه يعيش أبداً، ويعمل لآخرته كأنه يموت غداً كما
فى الإسلام، وهو من يعطى ما لله لله وما لقيصر لقيصر كما يرى السيد
المسيح.

١٣٤

وقد جاء اختيارنا لتناول مصطلح العلمانية وارتباطاتها الحداثية من خلال وجهة نظر فلسفية هدفها تأصيل المفهوم، وقراءة مضامينه السياسية، ومن وجهة فكرية تاريخية لفهم أبعاد المصطلح وتطوره وعلاقته بالحداثة وضرورات حضوره على الساحه الآن.

تتفق الرؤيتان فى الحوارين مع المفكرين صلاح قنصوة وخالد زيادة علي أن العلمانية ليست ديناً ولا مذهباً تعني برجل الشارع، ولا تعني بالسماء، تتعلق بما هو إنساني وليس بما هو ديني، وهي ليست ضد الدين لكنها لا تفرضه ولا تعمقه، أي أن العلمانيه تسمح بأن يمارس الناس عقائدهم كما يحبون دون ترهيب آو تزهيب باختصار هي ليست ديناً ولا مذهباً لا أيديولوجيا ولا نظرية، إنها صوره المجتمع المحايد.

صلاح قنصوه بروح الفيلسوف صاحب الرؤية والقدرة على التنظير، والفنان المبدع، الذي يضفي على الحديث بهاءً وجمالاً من خلال نظرة عميقة نافذة، وأسلوب لغوى يجمع بين العمق والسلاسة، يتنوع إنتاجه الغزير بين الفكر والفلسفة والثقافة والفن، أهمها فلسفة العلم، الموضوعية فى مناهج العلوم الإنسانية، فلسفة القيمة، تمارين في النقد الثقافي، الدين والفكر والفلسفة، نظريتي في الفن، بالإضافة إلى العديد من الأبحاث والدراسات، فى إطار الحفر المعرفي في مجالات العلمانية والعولمة والتفكيكية والبنيوية. حصل على جوائز الدولة التشجيعية والتفوق والتقديرية.

وخالد زيادة المفكر والأستاذ الجامعي المرموق الذى نرى أن لبنان لم يختره سفيراً في دولة بحجم مصر إلا دلالة دبلوماسية على تكريم الثقافة الرفيعه والاستنارة المتدفقة بالفكر والمعرفة، كانت أطروحته: "اكتشاف التقدم الأوروبي" والذى طبع فى طبعات أخرى بعنوان: "المسلمون والحداثة الاوروبية" بداية اهتمامه بالعلاقات الاسلامية والعربية من جهة وبأوروبا والغرب من جهة أخرى، ثم توالت أطروحاته من خلال كتبه المهمة التى لاقت صدى واسعاً فى العالمين العربى والغربى منها: "الكاتب والسلطان"، "تطور النظرة الإسلامية إلى أوروبا"، "لم يعد لأوروبا ما تقدمه للعرب"، بالإضافة ألى اعماله الأدبية: "حكاية فيصل" (رواية) و"حارات الأهل جادات اللهو"، "بوابات المدينة" و"السور الوهمي"، "يوم الجمعة يوم الأحد" ، بالإضافة إلى تحقيق وترجمة العديد من الكتب. مع الإثنين ندعوكم لرحلة حوارية.

صلاح قنصوه: ليست ديناً ولامذهباً

- **هذا المصطلح "العلمانية" كيف أصبح سئ السمعة لدى كثير من العوام لدرجة أنه يمكن سب واحد من الناس بمقولة "يا علمانى" ويمكن إضافة تهمة أخرى إلى هذا السباب فيقال "يا علمانى" "يا كافر" أو على أخف الأوصاف "يا زنديق". ما علاقة نشأة المصطلح وأصوله**

بهذا الكيل من السباب والاتهامات التى ليس هناك ما يبررها فى ضوء عدم معرفة دلالة المصطلح؟

بداية فلنؤصل للكلمة (علمانى)، إنها ذات أصل سريانى فيقال (عالمانى) ومعناها ببساطة الشعب، وما زالت الكلمة حتى الآن تذكر فى مصر والشام على ألسنة الناس عندما يقولون **"العالم"** يقصدون الناس أو الشعب، فبدلاً من كلمة (يا ناس) يقال (يا عالم) أو (الناس دول) هى (العالم دول) ... إلخ. والكلمة لم نستخدمها إلا فى القرن ١٩ عن طريق الشوام، وهى مرتبطة كمقابل برجال الكنيسة (أو رجال الدين المسيحى) فهناك رجال الدين وفى مقابلهم الناس أو باقى الناس من غير رجال الدين أو العالم أو الشعب ولو سألت مسيحي مصري هل لديهم مجلس علمانى **(المجلس الملي)** لأجابك بنعم، بإيجاز أى شخص علماني هو من لا ينتمى إلى رجال الدين، لكنه ليس ضد الدين أو خارج عن الملة هناك رجال دين وهناك أناس عاديين هم **"العالم"** (أو العلمانيون). وفى الإنجليزية معنى كلمة Lay man أو علمانى بمعنى رجل الشارع أو الرجل العادى. وقد جاء اشتقاقها من كلمة يونانية قديمة Layos بمعنى الشعب أو العامة فى مقابل طبقة رجال الدين أو الأكليروس. وكلمة Seulum

● **لكن لما ارتبطت العلمانية بالخطاب السياسى؟**

أبدأ هذه الواقعة التى تكشف عن وجه الزيف الذى زحف إلينا عبر السنوات الماضية تحت شعارات براقة لكنها فارغة من المعنى والواقعة

كالآتى: عند تنصيب الملك "**فاروق**" كان النحاس رئيس الوزراء آنذاك فطلب الشيخ المراغى (شيخ الأزهر) أن يلبس الملك العباءة ويباركه كما يصنع ملوك أوروبا فى الزمن القديم فوقف النحاس وقال: لا يمكن أن يحدث هذا فنحن دولة علمانية ولم يثر عليه الناس أو الشعب ولم يقل واحد منهم عن النحاس أنه علمانى أو ملحد، لم يحدث غضب أو صخب آنذاك. وعندما جاء نهرو إلى مصر فى نهاية حكم الوفد قال رداً على أحد الصحفيين نحن دولة علمانية. وقد ارتبطت العلمانية بالخطاب السياسى دائماً فيما عدا **الإخوان المسلمين** ومن كان على شاكلتهم لأنهم يرون الإسلام دين ودولة ومن ثم بدأت الحرب على العلمانية وتلبيسها ما ليس فيها ..

يمكن القول أن العلمانية كمصطلح سياسى انتهت صلاحيتها منذ زمن بعيد، لكن بعثها من جديد يخلق مشكلات نحن فى غنى عنها إذ يشق الصفوف باختراع نزاعات فكرية تسرب طاقاتنا فى قنوات رمليه ويصرف انتباهنا عن العدو الحقيقى الذى يتربص بنا جميعاً ولا يهمه ما نعلقه من لافتات على رءوسنا. وما يدعو للغرابة وأيضاً للتأمل والنظر والسؤال أن تلك الكلمة المنقرضة "**سياسياً**" لم تبعث من مرقدها إلا فى العقدين الآخرين فأزعجا البعض عن جهل أو سوء طوية؛ فى ضريحها التاريخى فبرزت عفريتاً وغولاً يدخلون به الرعب فى نفوس العامة لكى يطلبوا الحماية والأمن، فيوذون بالشعارات الدينية التى تزدهم بها الساحة، وهكذا تمثل العلمانية "**خيال المآته**" الذى يخيف فيهرع الناس إلى

الاعتصام بمقولات أولئك الذين يربطون السلطة السياسية بالسلطة الدينية دون وعي وعن عمد لتحصل نتائج معينة.

● ما دور العلمانية فى بناء المجال السياسى؟

العلمانية خطاب واقعي، يزيل الغشاوة التى وضعتها الإدعاءات الدينية عن الدولة الدينية أى الإسلام دين ودولة، وقد اقيمت هذه الدعاوى على مناورة شديدة الدهاء وهي استخدام لفظ "**حكم**" القرآنية استخداماً معاصراً منتزعاً من سياقه الأصلى ليكتسي الدلالة الحديثة التي تعني السلطة أو الدولة، فالكلمة "**حكم**" كما وردت في القرآن الكريم على سبيل الحصر، بكل تصريفاتها إنما تدل على القضاء والفصل في النزاع، كما تعني العلم والحكمة "**وآتيناه الحكم صبيًا**" آية (١٢) من **سورة مريم**، ولا تعنى الحكم السياسى على الإطلاق.

والواقع أن كلمة علماني عند استخدامها لها دلالة سلبية، لأنها تستخدم فى السجال الديني عند الحديث في المسائل السياسية عندما يتم التعرض لهؤلاء العلمانيين بالسب أو الاتهام أو حتى سفك الدماء. إن المسألة يمكن إيجازها بأن أي نظام سياسى هو علماني حتى عندما يتم تفسير الدين على يد البشر هو تفسير علماني لأنه يتعلق بحياة الناس وشئوهم.

- تطرح "الحاكمية لله" فى مقابل "العلمانية" .. كيف يمكن طرح المطلق فى مقابل النسبى فى السياسة، بحيث يختلطان معاً وما هى نتيجة هذا الخلط؟

إذا كان المقصود "بالحاكمية" إذا أراد أصحابها النزول بها إلى معترك السياسة، أى رفض الأمة أو الشعب كمصدر للسلطات، فهذا شأنهم، بل وحقهم فى إعلانه كوجهة نظر "فاشية" فى السياسة. ولكن بشرط ألا يدخلوا الله سبحانه وتعالى طرفاً فى خلاف، إذ ليس من المعقول أو المقبول أن نضع الله سبحانه وتعالى فى موازنة أو مقارنة مع عباده. فالله المتعال خارج القضية أصلاً. وبالتالى لا يبقى من زعمهم إلا رفض الأمة أو الشعب مصدراً للسلطات بحيث يكون البديل فى نظرهم مصدراً آخر. فقد يكون جماعة العلماء أو مكتب الإرشاد أو أمراء الجماعات، أو رجال "البازار" كما هو الحال فى إيران، أو أية نخبة من البشر يختار منهم وفقاً للمصالح، أو تحت شعار فضفاض يخيف المعارضين ويبعث آمال طالبى السلطة والمال.

- هل نحن فى حاجة اليوم إلى بعث مصطلح كالعلمانية، هل لا يزال مفعوله سارياً فى الجدل السياسى؟

لعل دعاة الحكومة الدينية قد طاب لهم استثمارها، فهم وحدهم من يطيل الحديث عنها، ولذلك فمن اليسر أن يتم تقسيم الناس أو المواطنين إلى فريقين إسلامي أو علماني وهنا تظهر عبارات من عينة:

الجنة والنار في استفتاء مارس، والأخضر الحلال والأحمر الحرام، بالنسبة للون بطاقات الاستفتاء، وكذلك "**غزوة الصناديق**"، و"**على العلمانيين أن يهاجروا إذا لم يعجبهم**" مآل هذه الغزوة. وهنا يصبح للاتهام بكلمة: "**علماني**" مفعول السحر إذ "يكوم" بهذه الكلمة ذلك العلماني ومن ثم ينفض عنه العامة وجمهور البسطاء. ويتم استخدام كلمة الاتهام "**بعلماني**" لصرف الجماهير عن المشكلات الحقيقية، ويحصرها في نطاق القوالب الجاهزة التي تسقط عن المواطنين مسئولية العمل والبحث والاجتهاد والحوار ما دامت الخانات قد تحددت وتم حسمها مع إثارة للشهنات الانفعالية والحماس المشبوب ويتم اختصار المسألة في عبارة واحدة: الحل هو الإسلام والعدو هو العلمانية، ويتم تقدير الدين كما لو كان اكتشافاً جديداً جاء بعد جهد وتنقيب بفضل هؤلاء الدعاة وتلو الجماعات. فيتم تكريس الحديث عن الدين كما لو كان أمرا قد نسيه الناس وأن أولئك عاكفون على فك رموزه، وفض أسراره.

خالد زيادة .. ومسار تاريخي لا صلة له بالإلحاد

● في أي سياق يمكن أن يوضع فيه هذا المصطلح؟

العلمانية هي مسار تاريخي، وليست أيديولوجية أو نظرية. وإن كان يحلو للبعض أن يكونوا دعاة للعلمانية في عالمنا العربي والاسلامي، ويقصدون من ذلك فصل الدين عن الدولة أو بمعنى أدق حجب تأثير الدين على الشئون التي هي من اختصاص الدولة. والجدير بالذكر هنا أن الجدل حول العلمانية لم يشغل بال أمم عريقة ذات تجارب في الماضي والحاضر مثل الأمة الصينية أو الأمة الهندية على سبيل المثال.

ويجدر أن نضع العلمانية في سياقها الأوروبي وخصوصاً منذ بدايات عصر النهضة الأوروبية، التي تأسست على احياء اللغات المحلية على حسب اللغة اللاتينية. وكانت النصوص المبكرة والمؤثرة التي كتبت باللغات الأوروبية ذات طابع لا ديني، مثل: **الكوميديا الإلهية** لدانتي بالايطالية ونصوص رابليه ورونساو بالفرنسية وسرفانتس بالأسبانية، فضلاً عن شكسبير بالإنكليزية.

وعندما تُرجم **الكتاب المقدس** إلى الألمانية حدث الانشقاق عن روما والكنيسة مع الحركة البروتستانتية التي ناهضت مبدأ السلطة الدينية. ونهوض اللغات المحلية كان له الأثر البالغ لجهة نشوء الدول القومية، بل إن العلمنة التي تعني فصل الدين عن الدولة، قد تأسس في فجر النهضة الأوروبية من خلال إهمال اللاتينية وتحول اللغات القومية إلى لغات تعبير أدبي وعلمي وفلسفي. ومثال الفيلسوف الفرنسي ديكارت معبر في هذا المجال فقد كتب باللاتينية، إلا أنه كتب: "**مقالة الطريقة**" بالفرنسية، وقد اعتبر الأب المؤسس للفلسفة الحديثة. وترك فرنسا إلى هولندا ليتفادى اتهامات السلطات الكنسية.

وإذا ما نظرنا إلى تجربة النهضة العربية نجد مساراً معاكساً لما حدث في أوروبا، فقد أحيت النهضة العربية اللغة الفصحى الكلاسيكية، وهي لغة الفقه والحديث وعلم الكلام، بقدر ما هي لغة الشعر والآداب والعلم. ولو رجعنا إلى العصر الكلاسيكي وتفحصنا النصوص العلمية أو النصوص الأدبية سنجد أنها خالية من التعبيرات الدينية مثل: نصوص الجاحظ وقصائد ابن الرومي والمتنبي، فضلاً عن المعري. وبهذا المعنى فإن اللغة العربية اتسعت للتعبيرات الدينية في علم الكلام والفقه كما اتسعت للتعبيرات الدنيوية في النصوص الأدبية فضلاً عن كونها اتسعت للمفردات العلمية والفلسفية.

وقد بعثت النهضة العربية الحديثة في القرن التاسع عشر النصوص الأدبية شعراً ونثراً، بل عادت إلى الشعر الجاهلي، واستعادت أعمال

المؤرخين الكبار من الطبري إلى ابن خلدون، كما استعادت النصوص الفلسفية للكندي والفارابي وابن رشد. وعندما برز تيار الاصلاحية الاسلامية استعاد اللغة الدينية؛ والمحاولات الشهيرة بين الإمام محمد عبده وفرح أنطون تبين لنا أن الحوار بين المفاهيم المتعارضة قد تم في إطار اللغة الواحدة، علماً بأن الامام محمد عبده كان قد ضمّن خطابه الديني بعداً تنويرياً لا ريب فيه. وعندما استفحلت التيارات الأصولية اعتمدت نصوصاً دينية متشددة ومغلقة، وناصبت التراث الأدبي والشعري والفلسفي وحتى الكلامي العداء.

وإذا عدنا إلى التاريخ الواقعي نجد أن المؤرخين أهملوا حقيقة انفصال شئون الدولة عن شئون الدين في الدول السابقة لحداثة القرن التاسع عشر، ويكفي أن نستعيد رسائل الكتاب الخاصة بنصائح الملوك والأمراء لنجد فيها تعبيرات عن استقلال شئون الدولة عن الدين. ومن المفيد أن نستعيد ما ذكره المؤرخ المقريزي في خططه حين قسم الأحكام إلى قسمين: حكم الشرع وحكم السياسة. وفي الفترة العثمانية نشأت مؤسسة دينية تتولى شئون القضاء والتدريس، وأوكلت شئون الدولة للوزراء في الديوان والولاة في الأقاليم.

ومن الوجهة العملية عرفت الدول (التي تسمى إسلامية والتي لم تستخدم اسم الإسلام ولا مرة واحدة بل كانت تنسب إلى السلالات الحاكمة) الانفصال بين ما هو ديني وما هو سياسي أو دولتي. ومع ذلك فإننا أهملنا هذا التراث ولم نستثمره.

١٤٥

الواقع الذي أراه هو أن العلمانية في أوروبا هي نتاج الحداثة وليس العكس، فسياق النهضة الأوروبية الذي أشرنا إليه افضى إلى الفصل بين تطور الدولة في معزل عن الكنيسة. ويمكننا أن نذكر كيف أن المراقبين العثمانيين في مطلع القرن الثامن عشر قد لاحظوا أن الدين لا شأن له في أمور الدولة في ممالك أوروبا. ولعل فرنسا هي البلد الذي تأخر فيها هذا الفصل بين الديني والدنيوي، وكان رجال الدين (ريشيلو ومازران) وزراء نافذين في عصر لويس الرابع عشر والخامس عشر، ومن هنا نشأت حركة تنويرية معادية للدين كرد فعل، ونصوص المفكر الفرنسي فولتير تظهر لنا عداء للسلطة الكنسية.

وحين قامت **الثورة الفرنسية** ألغت الدين الكاثوليكي وأعلنت **ديانة العقل،** وفرنسا البلد الوحيد الذي أعلن تبني العلمانية وكان ذلك عام ١٩٠٥. إلا أننا لا نجد شيئاً شبيهاً في ايطاليا أو ألمانيا أو هولندا أو أسبانيا. خصوصاً لجهة الدور الذي تلعبه الكنائس في إدارة المدارس والتعليم. وينبغي أن نذكر أيضاً بأن ضغوط التطور الذي أحرزته المجتمعات الأوروبية قد أدى إلى انعقاد ما عُرف باسم: "**الفاتيكان الثاني**" (١٩٦٢ – ١٩٦٥) الذي تمخض عن مصالحة الكنيسة مع العالم الحديث من خلال سلسلة من المقررات التي وضعت الكنيسة في سياق العصر.

- **يستخدم الإسلام السياسي مصطلح العلمانية لإقصاء المثقفين أو التنويريين أمام الجماهير فما رأيكم؟**

الواقع أن **الإسلام السياسي** يصدر عن تفكير أحادي وإقصائي، وقد استخدم كلمة العلمانية بمعنى الإلحاد، وقد ألصق بالعلمانية صفات ليست لها، فالعلمانية التي تعني الفصل بين المجال السياسي والمجال الديني، لم تكن دعوة إلحادية ولا تمت بصلة إلى النزعات الإلحادية أو المادية أو الاشتراكية. وكما ذكرت سابقاً فالعلمانية ليست أيديولوجية وليست نظرية، وإنما هي سلسلة من الإجراءات والتطبيقات التي تتفاوت بين دولة وأخرى.

وفي المرحلة السابقة، التي امتدت عقوداً كسب الاسلام المعركة، ليس في الميدان السياسي، ولكن في الميدان الاصطلاحي فقد تمكن من ترويج لغة إصطلاحية مستمدة من تراث ديني متزمت وأحادي. وقد نجح الاسلام السياسي في ذلك في ظل الأنظمة الأحادية، والتي لم تسع إلى فصل الديني عن السياسي، وإنما أرادت للمؤسسة الدينيه أن تكون أداة من أدواتها، وقد أدى فشل مشاريع الدول الأحادية إلى انتصار اللغة الاصطلاحية للتيارات الاسلامية.

- **ما هو موقف رجال الدين من العلمانية عبر التاريخ؟**

باختصار شديد أقول، إذا كان موقف رجال الدين هو رفض مبدأ فصل الدين عن الدولة، فإننا نستطيع أن نراقب في كل مرحلة من

التاريخ وقوف بعض رجال دين إلى جانب المشاريع الاصلاحية والتحديثية، حدث ذلك في الدولة العثمانية في مصر وفي إيران، وأعتقد انه من الضروري استعادة تراث **الإصلاحية الإسلامية**، وخصوصاً مع رائدها الامام محمد عبده الذي كان داعية إلى إصلاح التفكير في الإسلام، وكان داعية إلى إبعاد الدين عن شئون الدولة، وكان لا يعترف بأي سلطة دينية.

● هل يمكن الحديث عما بعد العلمانية كقولنا ما بعد الحداثة؟

لقد شاعت في عقدين سابقين عبارة **ما بعد الحداثة**. وكانت تعني من بين ما تعنيه حقوق الأقليات في التعبير، فاحتضن تيار ما بعد الحداثة الحركات النسوية ونزعات فتية وغير ذلك، والدعوة إلى تجاوز العقلانية الصارمة في الفكر، وبهذا المعنى نجد ذلك في النموذج الفرنسي، هذا النموذج الذي يواجه اليوم تحديات ثقافية وإثنية إزاء إدماج المسلمين العرب في النموذج العلماني الفرنسي، والذي يضطر إلى توسيع رؤيته لمسائل الثقافة ومبدأ الجمهورية إلخ.

وإذا كنت أميل إلى الرأي الذي يدعو إلى تجاوز مفاهيم العلمانية التي ترجع إلى القرن التاسع عشر وبداية القرن العشرين، فلا يمكن أن نتغاضى عن كون مجتمعاتنا العربية لم تنجز حداثتها أصلاً، ولم تحقق شروط الدولة، بل رأينا في هذا المجال تراجعاً عن المواطنة لصالح الولاءات الأولية العائلية والمناطقية والعشائرية.

• النموذج التركي لدولة علمانية بمرجعية إسلامية إسلامية، هل يمكن تطبيقه على عالمنا العربي؟

أريد أن أشير إلى أن التجربة التركية تعطينا مثالاً واضحاً على أهمية المعطى اللغوي. فحين أراد مصطفى كمال أتاتورك أن يمضي في إعلان جمهورية تركية علمانية، كان أول ما فعله هو القطع مع الميراث الرمزي للخلافة والسلطنة، ثم قرر إلغاء استخدام الحرف العربي واستبدله بالحرف اللاتيني، مع ما يعنيه ذلك من اسقاط السلطة الرمزية للحرف العربي واللغة العربية التي تحمل التراث الفقهي والتشريعي، وبغض النظر عن مناقشة آثار هذا الاجراء الذي قطع الأتراك عن تاريخهم بحيث لا يمكن لتركي غير متخصص أن يقرأ نصوصاً سابقة لعام ١٩٢٧.

الأمر الثاني الذي تجدر الإشارة إليها أن العلمانية التركية لم تأت في سياق تاريخي (علماً بأن الإدارة العثمانية كانت قد تحدثت خلال عهد التنظيمات، وكذلك القضاء الذي انفصل عن سلطة الفقهاء) وإنما جاءت بقرار في سياق تبدلات عالمية حدثت بعد الحرب العالمية الأولى. وكما هو معلوم فإن الجيش نُصب كحارس للعلمانية، وتدخل مرات عديدة عبر الانقلابات العسكرية، باسم الحفاظ على مبادئ العلمنة.

ومع ذلك فإن تنامي التيار الإسلامي منذ المؤسس نجم الدين أربكان في سبعينات القرن الماضي وحتى يومنا هذا، ينم عن صراع ثقافي وأيديولوجي لم يستطع تبني العلمنة الصارم أن يلغيه. أعتقد أنه من المبكر

الحكم على هذا التعايش بين جمهورية تتبنى العلمنة وبين تنامي للتيار الإسلامي، الذي يواجه خصوماً عنيدين في بلد متعدد المذاهب والاثنيات، وتستخدم العلمنة لتمويه صراعات الثقافة والهوية.

اللجوء إلى أوروبا: سجال بين جان دانييل وإدغار موران(٢٢)

٢٠١٨ /٦ /١٥

ترجمة: سعيد بوخليط

تقديم:

لقد فاقم تدفق اللاجئين على أوروبا، العداوة نحو الهجرة. وأمام الطلقات الإنذارية الإعلامية، كان مُلِحًّا الإصغاء إلى أصوات مختلفة. من هنا، جاءت هذه المحاورة بين جان دانييل وإدغار موران.

س — ميزت الدخول السياسي سلسلة متوالية من الإعلانات الحادة حول الهجرة، الاندماج، الجبهة الوطنية، الهوية الفرنسية، بل وحتى

---

(٢٢) موقع المجلة الثقافية الجزائرية — الرابط:

https://thakafamag.com/?p=13545

"العِرْق". هل لا زال سجال الأفكار ممكناً خارج الجدالات العنيفة والمتمركزة ذاتياً؟

● جان دانييل:

من دون شك أن التلفزيون ساهم في تحول السياسة إلى فرجة، وجعل من متدخلين أبطالاً سعداء تقريباً حيال تراجيكوميديا مستمرة، حتى وإن كانت المفاهيم التي أشار إليها تساؤلكم، قد بدأ الإعلان عنها منذ سنوات الثمانينات. أما فيما يخص العنف، فعندما أسمع شخصا يسمى : Alain Finkielkraut، يشتكي من اعتداءات لا تطاق، يشعرني ذلك بالذعر جراء افتقاده الذاكرة أو الثقافة. بحيث لم يكلف نفسه بمجرد تخيل أن أشخاصاً مثل إدغار وأنا، اختبروا حقاً ذلك. أولاً من طرف الشيوعيين، نتيجة تشهيرنا بالستالينية، ثم بعد ذلك الصهيونيين المتطرفين جراء مواقفنا نحو إسرائيل وفلسطين، وأخيراً في البرتغال إبان ثورة القرنفل، حينما أبلغت عني جريدة: "l'humanité" باعتباري أحد المدمرين لوحدة اليسار. لكن، بخصوص هذه المواقف اللاذعة، أريد الإشارة، أنه قبل تطوير إدغار لعمله الكبير، فقد ارتبطت مثله تماما بهذا التقليد الشكي وكذا التركيب.

أندريه جيد Gide ومونتين، ميزهما التعقد الخصب، ثم الولع بالارتياب، وكذا النزوع نحو التردد، بحيث ذهب أندريه جيد، حد قول: **"أحياناً، أتلفظ جملة، لكني لا أذهب غاية أقصى الأمر، بالقدرة على**

التمكن من التشكيك في الجملة التي قرعت الأولى". والحال، يوجد جحود نحو التعقّد: بقدر إخفاقنا في تجميع كل مظاهر قضية ما، سنشعر بالتشوه. الممارسة الصحفية، التي تناهض زمنا يمهل، تفسح المجال في المقابل أمام فن الكاريكاتور، واللعنات وكذا قرارات الاتهامات. الالتزام المطلق بالوضوح كما الشأن مع مهنتنا يقود أحيانا إلى اختيار التبسيط، بمعنى تخليا عن التركيب.

● إدغار موران:

يسعى الفكر المرَكَّب، إلى معالجة قضية سياسية أو ذات راهنية بالبحث أولاً في استحضار دلالتها، معيداً ربطها بسياقها الجغرافي، التاريخي، الإنساني ....، وأيضاً تلك التي لها دلالة التجاذبات. هذا بدون شك ما ينعدم اليوم. ذكرني الاستشهاد بأندريه جيد، بمقولة ثانية: "**يقول البعض، من أجل السعي لتقدم البشرية، ينبغي تغيير المجتمع. بينما يؤكد البعض الآخر، على ضرورة تغيير أنفسنا في المقام الأول. أنا، لا أعرف بأي منهما أبداً**". أعتقد، ينبغي لهذين الحتميتين التآلف وبأن الفكر المرَكَّب ليس ثنائياً، بل في أغلب الأحيان وفق إيقاع: "ثم /وثم". على المستوى السياسي، يعود تداخل التزاماتي، إلى أنه في الأصل، كانت مذاهب: الفوضوية، والاشتراكية، والشيوعية متمازجة بشكل دقيق. لم تكن مثلاً **ديكتاتورية البروليتاريا** لدى ماركس، سوى وصول إلى مجتمع بدون دولة، أي مجتمع متحرر. في تصوري، أصل المذهب الفوضوي، مراعاته الحاجة إلى الحرية وكذا استقلال الشخصية، أما أفق الاشتراكية،

١٥٣

فأن يكون المجتمع في وضع أفضل، ثم أخيراً ينهل مصدر الشيوعية، من فكرة الأخوَّة أو الجماعة. أضيف إلى ذلك، الأصل الايكولوجي، الذي يقيم علاقتنا بالطبيعة، تطبعها الحميمة والحيوية في الآن نفسه.

● جان دانييل:

للمفارقة، أني لم أصل حقاً إلى ماركس سوى بفضل مفكر معتبر لدى اليمين،أقصد ريمون آرون.فقد شكل عمله : **"مراحل الفكر السوسيولوجي"**، تحفة بخصوص التبسيط. من أجل اختزال التعارض الجوهري بين الاشتراكيين، والشيوعيين، فالاشتراكية، إجمالاً، هي: الاجتماعي، إذن تعكس المساواة في العمق، بينما تجسد الشيوعية، التقاسم وكذا غياب المِلكية.

س — يبدو من المفارق جداً أنكم استشهدتم بماركس بالإحالة على آرون بينما يعتبر جان بول سارتر، عرَّاب مجلة **"نوفيل أوبسرفاتور"** إلى جانب (بيير منديس فرانس).

● جان دانييل:

نعم، لقد أصبتم. لكن سارتر، كان بمثابة فولتير، حسب دوغول! حينما ذهبت للقائه بخصوص العدد الأول من الجريدة، خاطبني سارتر على الفور: **"اطمئنوا، أعرف أنكم من أتباع كامو حتى النخاع"**. لقد دافعت طويلاً عن كامو في إطار عزلة كبيرة ضد أنتلجنسيا ماركسية جديدة، ودون الحديث عن احتقار البورجوازية الأدبية اليمينية. لقد

وجدت مع كامو فكراً وحساسية راسختين بما يكفي كي أرتب وضعي باستمرار. حينما قال، في نهاية خطابه بمناسبة حصوله على نوبل: "**لا أتطلع إلى إعادة صياغة العالم، بل أريد الحيلولة دون تخريبه**"، أو عندما استشهد بسيمون فايل التي ارتبط اسمها بالحرب الاسبانية: "**كل مرة نمسك فيها مسلحين باسم العدالة، فإننا نضع قدما على أرضية اللاعدالة**". بفضل كامو، أدركت قدرة تبني مرجعية قيمية راديكالية تتصدى للعنف الممارس في حق المدنيين، حتى ولو جاء كإجراء انتقامي ضد ممارسات عنيفة سابقة. ثم حينما يقول أيضا بأنه: "**إصلاحي جذري**"، هذا يعني: أود الذهاب صوب أقصى حد بخصوص إصلاح ما، قبل أن لا تصبح التسوية تلوثاً.

● إدغار موران:

كنت شيوعياً، لما تعرفت على كامو، غداة الحرب، بالتالي عجزت عن استيعابه. بالنسبة إلي، هو شخص ينتمي إلى فصيلة من نعتهم هيغل بـ "**الأرواح الجميلة**" أو "**القلوب الكبيرة**"، بينما يتعلق الأمر بتدنيس يديك حينما تلامس الواقع. سأدرك فقط أهمية كامو، فيما بعد. أما عن سارتر، فقد تأثرت به فلسفياً قليلاً، لاسيما دراسته حول المتخيل. لكن، على المستوى السياسي، وجدته دائماً بلا قيمة. حينما كنت مقاوماً فترة الاحتلال، لم يكن هناك. ثم لمّا انفصلت عن الشيوعية الستالينية، سنة ١٩٥٦، صار سارتر رفيق درب **الحزب الشيوعي**. بالنسبة إلي، يمثل نموذجاً للبلاهة السياسية. أخيراً، فيما يتعلق

بريمون آرون، انطوى بالتأكيد عمله: **"أفيون المثقفين"**، على مضامين رصينة، لكن هو نفسه دخَّن أفيون السلطة بمخالطته الوزراء وكتابته على صفحات جريدة **"لوفيغارو"** ....

س — في وقت يغازل كثير من المثقفين اليمين وقد فقدوا ثقتهم في اليسار، لازلتما معاً تلتمسان باستمرار خطى اليسار؟

● جان دانييل:

إذا أردت خلال هذه اللحظة التأكيد على أني يساري دائماً، ثم توخيت الاعتراض على من غادروا اليسار، باعتباره مجرد موضة أو رداء، فاليسار بالنسبة إلي، مفعم بطموح نحو العدالة، بل أقول، إنه **"عاطفي"**. نراكم حنيناً قياساً لأزمنة الوفاء، بالتطلع إلى غد أفضل. اليوم، نشاهد عدداً غير مسبوق من الأشخاص يميزهم إحباط بئيس، ثم نفترض فيهم منحنا الأمل. لكني أنا يساري، ليس فقط باعتباري مثقفاً يسكنه الحنين إلى أسرته الكبيرة، بل كطفل مناضل. يعتبر التحقير، أكثر شيء يستفز أعصابي في هذا العالم، وعلى جميع المستويات. لا يقتضي النضال ضد التحقير معارف خاصة، بل تيقظاً مستمراً. وإذا، خسر اليسار باستمرار قيمه الخاصة، فإن وظيفته الحقيقية تتجه نحو العثور خلال كل مرة على أخرى جديدة. هذا ما أومن به.

● إدغار موران:

لا أحب مصطلح "اليسار"، الذي يجمع بين أشياء مختلفة جداً. لكن في نهاية المطاف، أشعر بعمق انتمائي إلى اليسار، لسببين: الانشغال بالإنسانية، ثم الإيمان بالأخوّة. ثم لكوني فرنسياً، أوروبياً، منتمياً إلى البحر الأبيض المتوسط، فإني في الواقع متضامن مع كل النوع البشري، أحس مثل جزئية صغيرة، أساهم في مغامرته الخارقة. لذلك، ردة فعلي الأولى بالنسبة للاجئين القادمين من سوريا واليمن وأمكنة أخرى، لم تتردد كي تقول: يلزم مساعدتهم. ثم فيما بعد، نرى كيفية الإعداد لهذه المساعدة. بيد أني لاحظت في المقابل، هيمنة للخوف، وتسيداً لسياسة الجدار. حينما تدهور الوضع في شمال فرنسا مقارنة مع جنوبها خلال شهر يونيو ١٩٤٠، لم يتجه تفكيرنا فترة النزوح، نحو تنصيب خيام أو إقامة مدينة للأكواخ، بل استضفنا هؤلاء الأفراد طيلة أشهر تحت وازع الرحمة.

س – إذن، لماذا المثقفون صامتون؟

● إدغار موران:

حينما نتأمل الطريقة التي تمت بها مساندة المهاجرين غير الشرعيين، بالرغم من كل شيء، ليس فقط من طرف المثقفين، بل لدى جزء كبير من السكان، فالتطور لافت للنظر. أعتقد، بأن ذلك يعود إلى الارتداد العميق للحاضر. نعاين زحفا للفيشية vichysation، لم تنبثق بديهيا من العدم. تجلى دائماً وجهان لفرنسا، تصارعا منذ **قضية ألفريد دريفوس**، **وقانون لويس كومبس**، المتعلق بالعلمانية، لكن فرنسا

الجمهورية تغلَّبت عليه. ثم فرنسا الثانية، التي كانت خلال عهد سابق ملكية ارستقراطية، رجعية جداً، فقد بقيت في جانب منها عنصرية، وقومية بشراسة. ثم مع الأزمة العميقة، الاقتصادية والحضارية في الوقت نفسه، بل يمكنني القول "**أنتروبولوجية**"، إنها تلك التي يتسع مداها، بينما يعيش شعب اليسار ذبولاً. وليس مفاجئاً رؤية بعض مثقفي اليوم، يغيرون عقيدتهم. لا يقبل أي مكتسب المراجعة، وضمن ذلك الديمقراطية. لكن ما لا يتجدد يصاب بالتلف. ثم لا يمكِّن سواء الاستمرار في الشتائم، وصب اللعنات، أو التشهير، من تحقيق مفعول ضد **الجبهة الوطنية**، إذا لم نعمل على تشكيل طريق وتطلع جديدين، وسيظل السعي مضحكاً. هذا ما حاولت التفكير فيه مع ستيفان هيسيل بين طيات كتاب: "**طريق الأمل**". تضمر فرنسا تحت القشرة السياسية والإدارية، عشرات آلاف المبادرات تستشرف حضارة أخرى، أكثر تضامناً وأخوية، تتعارض مع دوافع هيمنة المصلحة، والجدوى، والاعتبار الكمي وكذا إخفاء الهوية. تسكنني قناعة، أنه عوض المبادرة إلى سياسة للقسوة، يلزم على العكس من ذلك ممارسة سياسة للإنعاش، قد تكون بيئوية، من خلال تنمية مصادر الطاقة النظيفة، ثم تنظيف المدن من التلوث بأشغال كبرى، وكذا فلاحة المزرعة.

● جان دانييل:

صحيح أن الاستخفاف بالمهاجرين ثم كراهية المغتربين، لم تكن مواقف اليمين الكلاسيكي قبل ثلاثين سنة. بناء على وجهة النظر هذه،

فقد تراجعنا بقوة. ساهمنا دائماً عبر منبر هذه الجريدة، بتيقظ في النقاشات المتعلقة بالهجرة. لقد بدأنا نسائل حضور المهاجرين داخل البلد، مباشرة بعد انتخاب فرانسوا ميتران، في ظل تأثير الأزمة وكذا "**منعطف الصرامة**". سنة ١٩٨١، ملصق الحملة الانتخابية لفرانسوا ميتران، أظهره أمام كنيسة وسط بلدة صغيرة. شعار: "**القوة الهادئة**"، ثم أغنية: "**فرنسا الودودة**" لشارل تروني. سبع سنوات فيما بعد، لم يفكر أي شخص في إمكانية استعادة نفس الملصق، بحيث لا يمكننا قط أن نفرض على الفرنسيين رمزاً وحيداً، حتى ولو كان شعرياً وجمهورياً، عن فرنسا ستبقى مسيحية. لأنه في غضون ذلك، فرض الإسلام ظهوره ضمن المشهد، عبر تجليات عدد قليل من المساجد.

لقد لاحظنا خلال فترة السنوات السبعة الأولى، تحولاً إيديولوجيا لليسار. نستحضر تصريحا مختصراً لميشيل روكار: "**لا يمكننا استقبال كل بؤس العالم**"، وسنة ١٩٨٤، أقرّ لوران فابيوس بأن: "**الجبهة الوطنية تطرح أسئلة جيدة، لكنها تأتي بأجوبة سيئة**". إنها حقبة، حيث تمأسست زمرة صغيرة من الجبهة الوطنية عبر التنديد بالمهاجرين.

س — ثم شرعت تتموضع في مركز السجال؟

● جان دانييل:

لقد رأينا إذن تأجج لما سنسميه بعد ذلك بـ "**التفاضل**"، وهي طريقة تنظر بحساسية إلى الاختلافات. لا زالت الجبهة الوطنية متخلفة

بخصوص ممارسة شائنة مناهضة للسامية وأحياناً تنكر **المحرقة**. لم يكن ضرورياً شيطنة لوبن: فهو شيطان سلفاً. لقد تغيرت الأشياء عندما تبيَّن لمارين لوبن أن الإسلاموفوبيا تثير شعبية أكثر من الرهان على العنصرية. توضح لها سريعاً، ما يلزمها استثماره من مشاكل التعايش مع أقلية مسلمة، في ذات اللحظة التي صار فيها العالم الإسلامي كل يوم فريسة مميزة لمختلف أنواع العنف وميداناً لحركات راديكالية. خلال تلك الفترة حظيت بشرف محاورة كلود ليفي شتراوس، فاستحضر مسألة التعارض المحتمل بين مجتمعات مختلفة إذا توحى بعضها الهيمنة على البعض الآخر.

استرعى انتباهي منذئذ أنه بوسعنا الإقرار عن بعد بتفاعلات أو استبعاد، قبل الخشية من حدوث انفجار للعداوات. هذا الذي دفع السيد Alain Finkielkrault، كي يمنحني شرف الإحالة علي. لكن يجدر الانتباه! إذا كان صحيحاً أن ليفي شتراوس، دافع عن حق أي مجتمع في المحافظة على هويته الثقافية والجسدية، ثم لغته وعاداته وماضيه، فإنه بذلك لم يمؤسس قط أي كره للأجانب. كان سيشعر بالفزع من تيار الإسلاموفوبيا.

● إدغار موران:

على النقيض مما نكرره، لم تمت آلة الدمج. لقد عرفت عراقيل، لأننا أضفنا إليها صعوبة أخرى: حينما أطلق ساركوزي كلمة "مسلم" على جميع الأشخاص الذين نراهم بمثابة عرب، جزائريين ومغاربة. نضمهم

إلى الإسلام مع أن الكثير منهم يعتبرون مفكرين — أحراراً، ولو كانوا يواجهون حقا عراقيل داخلية بخصوص نقد النص المقدس. لكن بقدر، وصفنا لهم بالمسلمين، ولا نُدَرِّس في مدارسنا، أن فرنسا متعددة الثقافة طبيعياً، بقدر ما نصير أقل من مستوى إيجاد حل للمشكل. بل، إن فرنسا منذ تشكلها كوطن، فقد ضمت: البروتون، الباسك، الأقطان، الأوفرن، ثم الألزاس، وشعوب مختلفة، امتلكت لغتها وثقافتها الخاصة. خلال قرون، اكتست هذه الشعوب **"طابعاً ريفيًا"**. وحينما وصل المهاجرون، مع نهاية القرن التاسع عشر، سيتوالى ذلك، في ظل تجارب صعبة دائماً (استحضرنا مؤخرًا الاضطهاد المروع الذي عانه الإيطاليون في مدينة مارسيليا).

يطرح الاستفسار بخصوص معرفة إن كان في وسع القادمين من شمال إفريقيا استيعابهم بعد جيلين أو ثلاثة، نجاح الاندماج بفضل الزواج المختلط. هناك نجاح وإخفاق. نرى من جهة أشخاصاً مندمجين اجتماعياً، لكن من جهة ثانية، تعيش أقلية من شباب الأجيال الثانية والثالثة، إحساساً بالرفض، مما يقود البعض إلى التشبع بالفكر الجهادي. إذن بينما استوعبت فرنسا سلفاً عدداً من الاختلافات، فالشيء الوحيد الذي نفتقده، يشير في نهاية المطاف إلى هذا الوعي بالتعدد الثقافي الطبيعي. ينبغي تنصيص **الدستور الفرنسي** على أن فرنسا جمهورية واحدة ومتعددة الثقافة.

● جان دانييل:

فرنسا المعجزة، أرسى دعائمها التعدد. سواء ميشليه، وبروديل، وديغول، أو ميتران، جميع هؤلاء بدءوا مذكراتهم بتعريف ورع وعاشق للوطن الفرنسي، يُخصص جانباً كبيراً إلى تعددية الأصل بالنسبة للذين التحقوا بها وعملوا على تشكيل نسيجها. أعتقد مع ذلك أن فرنسا أقل تعددية ثقافية مما يجدر بها أن تصيره. يمثل الإسلام إشكالية جديدة، لكن حتى إذا وافقتُ على فكرة "بيير مانين" الذي يظن بأن هجمة الإسلام كشفت وفاقمت ضعفاً متنامياً، ستجد في فرنسا وأوروبا مشروعاً مشتركاً. يبقى أن التطرف الجهادي، وداعش يمدان الجبهة الوطنية وأتباعها بأسلحة جديدة.

● إدغار موران:

ينبغي أيضا توضيح بأن الإسلام بمثابة ديانة نموذجية لليهودية ــ المسيحية. فمحظورات القرآن هي محظورات يهودية، وشعيرة الخروف تمثل تضحية أبراهام، والمسيح نبي، كما أن الصوامع تشبه أبراج الأجراس ... عدم فهم ذلك، سيكون مضحكاً إذا لم يكن تراجيديا.

العلمانية المحايدة: حاجة في وجه التكفير[23]

ميرنا داوود

باحثة سورية مقيمة في الولايات المتحدة

٢ / ٢ / ٢٠١٧

أول من صك المصطلح secularism هو جورج جاكوب هوليك (١٨١٧ — ١٩٠٦) الذي عاش في انكلترا، وكان لا أدرياً Agnostic، وهو الذي أسس "جمعية لندن العلمانية" London

---

[23] موقع youm3 — الرابط:

http://www.youm3.com/options/2017/2/2/131/%D8%A7%D9
%84%D8%B9%D9%84%D9%85%D8%A7%D9%86%D9%8A
%D8%A9-
%D8%A7%D9%84%D9%85%D8%AD%D8%A7%D9%8A%D
8%AF%D8%A9-%D8%AD%D8%A7%D8%AC%D8%A9-
%D9%81%D9%8A-%D9%88%D8%AC%D9%87-
%D8%A7%D9%84%D8%AA%D9%83%D9%81%D9%8A%D
8%B1

Secular Society   ليصف بها النظام الذي يهتم بطرح الأسئلة والموضوعات التي يمكن اختبارها والتحقق منها في هذه الحياة فقط، فهي تهتم بما هو مادي وأخلاقي وعقلاني، وأكد أن العلمانية تقف على الحياد بين الدين والإلحاد.

بحثاً عن الحرية من خلال الحيادية

هناك مدرستان، مدرسة تنادي بعلمانية محايدة، ومدرسة تنادي بعلمانية ملحدة تنكر الدين، وهما المدرستين اللتين نراهما حتى اليوم في كتابات العلمانيين، فكيف نحكم بينهما ونقرر أيهما الأنسب للإنسان والمجتمع؟ هذا هو السؤال الذي لا نجد عنه إجابة إلا في كلمة واحدة هي الحرية.

العلمانية المحايدة هي التي تحقق الحرية. فهي تمنح بيئة محايدة يتعايش فيها الملحد مع المؤمن تحت الوطن الواحد، دون وصاية أو حجر على الضمائر، أو إجبار، أما **العلمانية الملحدة** والتي تتعايش من مهاجمة الإيمان بأي دين فهي إقصائية، تفعله ما تفعله الكثير من الأديان، فتكفر الآخر المؤمن، كما يكفر العديد من معتنقي الأديان بعضهم أو يكفرون الملحدين، وهي ما تمثله علمانية الصين مثلاً التي قمعت كل الأديان بما فيها البوذية.

وبهذا نستطيع أن نستنتج أن أنسب وصف للعلمانية يحقق كرامة الإنسان وحريته هي: **العلمانية المحايدة** التي تفصل كلاً من الدين أو

الإلحاد عن الدولة ونظام الحكم، والتي تجعل نظام الحكم (تشريعا وقضاءً ومؤسسة تنفيذية) محايداً، لا يفضل ديناً على آخر أو ملحداً على مؤمناً، أو رجلاً على إمرأة، الجميع سواء أمام القانون المدني في الحقوق والواجبات.

المسيحية العلمانية

المسيحية هي كلاهوت وإيديولوجية لا تعترض على العلمانية، ولا تقف منها موقف الحياد، بل أنها تشجع على العلمانية. فنصوص المسيحية المقدسة من أقوال المسيح هي التي خلقت مفهوماً جديداً للتشريع الديني فأصبح الإنسان هو المركز لا الشريعة وكان هذا تمهيداً للفصل بين القيصر والإله.

بل إن أحد أهم الأفكار التي تمثل جوهر العلمانية في معناها الرئيسي الحيادي هو القول إن الإله "**يشرق شمسه على الاشرار والصالحين ويمطر على الأبرار والظالمين**". فالمسيح فصل اللاهوتي عن المدني، ومملكة الله عن مملكة العالم منذ أكثر من ٢٠٠٠ عام، ولم تصل الفكرة إلى التطبيق الفعلي إلا في القرن الـ ١٩، وفي مجتمع ذوي أصول مسيحية مثل بريطانيا، تمرداً على سلطات الكنيسة المبالغ فيها.

نستطيع إذن أن نقول إن تعاليم المسيح تريد حكماً محايداً. بعد هذا ليست صدفة أن تكون دول أوروبا وأميركا ذات الجذور الثقافية المسيحية هي منبع العلمانية.

هل العلمانية هي الحل؟

لعل أكبر الأمثلة على مشاكل العلمانية أنها تتعامل بحيادية (أو أنها من المفترض أن تتعامل بحيادية) مع الجميع، حتى مع من يرفضونها، وبهذه الحيادية المطلقة قد تسمح بوصول متطرفين أو متعصبين سواء من المتدينين أو الملحدين إلى الحكم، ومنه ينقلبون على العلمانية نفسها فيقمعون هذه الحرية، وهذه البيئة الحيادية وبهذا قد تحمل العلمانية بذور فناءها في المجتمعات الأكثر جهلاً وتعصباً مثل مجتمعات الشرق الأوسط.

والعلمانية كبيئة حيادية يمكن تطبيقها بإحدى طريقتين:

الحيادية الإيجابية والتي تسمح للجميع بالتعبير الكامل عن معتقداتهم مثل علمانية أمريكا، فتسمح بجميع أنواع التعبير، حتى مهاجمة العقائد والأديان أو الدعوة إلى الأديان أو ارتداء الأزياء الدينية الخاصة بأتباع كل دين .. طالما كانت طريقة التعبير تخضع للقانون المدني ولا تمثل خطراً مادياً ملموساً على حياة الناس.

وهناك الحيادية السلبية: وهي التي تقف على النقيض ضد جميع مظاهر التعبير الديني في الحياة العامة، فتمنع ارتداء الملابس الدينية مثلاً في المؤسسات الحكومية والمدنية العامة، وهذه تمثلها علمانية فرنسا.

الأولى الإيجابية تسمح بمزيد من الحرية، ولكنها تسمح أيضاً بمزيد من الفصل العرقي والديني بين المواطنين، ومع الوقت قد تؤدي إلى تفتت المجتمع إلى عرقيات وغيتوهات يفقدون فيها الانتماء الوطني العام ...

أما الثانية السلبية فتحد من حرية التعبير إلى حد ما، ولكنها تحمي المجتمع من النعرات الدينية المتطرفة، وتسمح (نظرياً على الأقل) بمزيد من التجانس بين مواطني المجتمع الواحد.

أي علمانية نختار؟

ثالث مثال على مشاكل العلمانية، هو أن الحيادية المطلقة يصعب تحقيقها، فالإنسان مخلوق متدين بطبعه، حتى الإلحاد هو موقف ديني في أصوله، و إن كان موقفاً سلبياً، والحكم المحايد في مباريات كرة القدم قد يكون من العسير الحصول عليه في الكثير من الأحيان، ومن هنا كان وصول أي شخص للحكم، يمكن أن يؤثر على هذه الحيادية.

في النهاية العلمانية مادية لا روحية، وأرضية لا سمائية، وحيادية وإنسانية وعقلانية. العلمانية تحتمل جميع الأديان ولكنها لا تحتمل الشرائع الدينية (والتي تعني أن يكون الحَكَم متضامناً مع فريق ضد الآخر)، إلا أن هذا هو سر جمالها وضعفها في آن واحد. فهي بالتأكيد لا تجيب على كل تساؤلات الإنسان، فالإنسان ليس مادة فقط، والوجود الإنساني ليس سياسة فقط، والحياة الإنسانية لا تكتفي بالأرض فقط، ولكنها بحياديتها وإنسانيتها وعقلانيتها هذه تسمح بمزيد من الوقت والجهد الإنساني من أجل الإجابة على أصعب الأسئلة الوجودية التي تواجه الإنسان.

أن يكفر وأن يرتد عن كفره، أن يعشق، أن يثور، أن يمارس حريته واختيارته إلى أقصى الحدود الممكنة ... ولهذا كانت العلمانية

أعظم الوسائل من أجل تحقيق ما هو أعظم من العلمانية ... الحرية
الإنسانية بأجمل صورها ...

استطلاع: ٧٨ % من الفرنسيين ضد الحجاب بالجامعات(٢٤)

٩ أغسطس ٢٠١٣

أظهر استطلاع للرأي تنشر نتائجه صحيفة **لوفيغارو** الفرنسية في عددها الصادر الجمعة أن ٧٨ % من الفرنسيين يعارضون السماح "**بارتداء الحجاب أو غطاء الرأس الإسلامي في قاعات التدريس في الجامعات**". وبحسب الاستطلاع الذي أجراه **معهد أيفوب** لصالح الجريدة فان ٤ % فقط من الذين شملهم يؤيدون السماح بارتداء الحجاب

---

(٢٤) موقع أخبار العالم – الرابط:

http://www.akhbaralaalam.net/?aType=haberYazdir&ArticleI
=D=64233&tip

في قاعات التدريس في مؤسسات التعليم العالي، بينما قال الـ ١٨ %
الباقون أن لا رأي لهم في هذه المسألة.

وأظهر الاستطلاع أن الشبان دون ٣٥ سنة هم أكثر انفتاحاً
على السماح بارتداء الحجاب من كبار السن المتقاعدين. وفي هذا السياق
أبدى ٨٦ % من المتقاعدين رفضاً للحجاب مقابل ١ % فقط أيدوا
السماح بارتدائه، في حين وافق ١١ % من الشبان وعارضه ٦٣ %
منهم.

وأجري الاستطلاع عبر الإنترنت يومي ٦ و٧ أغسطس الجاري
على عينة تمثيلية من ٩٥٢ شخصا بالغاً يمثلون المجتمع الفرنسي بحسب
نظام الحصص. وارتداء الحجاب مسموح في التعليم العالي في فرنسا، إلا
أن تقريراً للجنة استشارية صدر مطلع الأسبوع الماضي وتضمن توصيات
بينها منع هذا الزي الإسلامي، مما أثار سجالاً في البلاد قبل أن يتم نفيه
رسمياً. وكان **المجلس الأعلى للاندماج** في فرنسا قد ضرب وترأ حساساً
باقتراحه حظر ارتداء الحجاب في جامعات البلاد. وقال المجلس — في
تقرير سري سرب لصحيفة **لوموند** — إن هناك حاجة لاتخاذ هذه الخطوة
لمواجهة المشكلات التي تسببها طالبات يرتدين الحجاب ويطالبن بمكان
للصلاة وقوائم طعام خاصة في الجامعات. وأدى حظر فرنسا ارتداء
الحجاب في المدارس عام ٢٠٠٤ وحظر النقاب في الأماكن العامة عام
٢٠١٠ إلى نفور كثير من المسلمين البالغ عددهم خمسة ملايين في البلاد.
وقد اندلعت أعمال شغب الشهر الماضي في إحدى ضواحي باريس بعدما

فحصت الشرطة أوراق هوية امرأة منتقبة. وحذر العديد من السياسيين أيضاً من أن حظراً جديداً قد يثير التوترات بين الحكومة الاشتراكية التي تدافع بقوة عن علمانية فرنسا، والمسلمين الذين يشعرون أن مثل هذه القوانين تهدف إلى عزلهم ومعاقبتهم.

وأطلق الرئيس الفرنسي فرانسوا هولاند مرصداً جديداً للعلمانية في أبريل وطلب منه أفكاراً جديدة بشأن كيفية تطبيق القانون الذي صدر عام ١٩٠٥ والذي يهدف إلى حماية الدولة من الضغوط الدينية مع احترام حرية التدين. وقال مسؤول من المرصد إن تقرير **المجلس الأعلى للاندماج** سُلم إلى المرصد للنظر فيه، وليس من الضروري أن يكون جزءاً من المقترحات المقدمة إلى هولاند.

العلمانية الفرنسية ومعاركها التي لا تنتهي[25]

ممدوح الشيخ

١١ فبراير ٢٠٠٧

معركة جديدة من معارك **العلمانية الفرنسية** وهي تخوضها هذه المرة ضد رافضي نظرية داروين، فبعد معركة حظر الرموز الدينية التي عرفت إعلامياً بـ "**معركة الحجاب**" تنشغل وزارة التعليم الفرنسية بكتاب لمفكر إسلامي تركي حول **نظرية النشوء والارتقاء** لتشارلز داروين.

وبقدر ما تعكس هذه المعركة أزمة **العلمانية الفرنسية** في التعامل مع الأديان تشير إلى اختلافات كبيرة تتعمق باستمرار بين النموذجين

---

(25) موقع جريدة البيان الإماراتية – الرابط:

https://www.albayan.ae/opinions/2007-02-11-
1.143756

الفرنسي والأميركي الذين يتنافسان على العقل والضمير الغربيين، فالموقف الرسمي الأميركي البريطاني المنتقد لقانون الحجاب والتباين في مسلك الحكومة الفرنسية الرافض لنقض نظرية داروين من منظور ديني، مقابل موقف البيت الأبيض الذي حاول قبل أشهر تدريس **نظرية الخلق** فيما عرف بـ **"نظرية التصميم الذكي"**، كلاهما يشيران بوضوح إلى دور متصاعد للدين في الحياة العامة غرب الأطلنطي، ورغبة شديدة في تحييده في فرنسا، وما زال الدين يؤكد حضوره بأشكال شتى على ساحة السياسة الدولية من القدس إلى باريس ومن واشنطن إلى كابول، في حقبة من التاريخ يمثل الإحياء الديني أهم ملامحها.

أطلس الخلق

بدأت القصة بتحذير أطلقته وزارة التعليم الفرنسية (٣ فبراير ٢٠٠٧) حذرت فيه المدارس في شتى أنحاء البلاد من نظريات إسلامية عن الخلق بعد أن أرسلت آلاف النسخ من كتاب يناقض نظرية دارون من تركيا إلى فرنسا عن طريق البريد. الكتاب هو **"أطلس الخلق"** للمفكر الإسلامي التركي المعروف هارون يحيى وله موقع كبير على الانترنت فيه العديد من مؤلفاته بلغات عدة.

والعبارة الأهم في البيان الرسمي الفرنسي هي قول الوزارة: **"هذه الكتب ليس لها مكان في مدارسنا"**، ما يعني أنها غير مقبولة حتى بوصفها وجهة نظر أو رواية موازية أو اجتهاداً. والكتاب **"أطلس الخلق"**

يقع في ٧٦٨ صفحة ويرفض **نظرية النشوء والارتقاء** لداروين ويرى مؤلفه أن هذه النظرية أساس الكثير من المشاكل اليوم، بما في ذلك الإرهاب، لأنها مصدر الإلهام الأساسي للعنصرية والنازية والشيوعية والإرهاب الذي يعاني منه العالم اليوم.

يقول هارون يحيى: **"أساس الإرهاب الذي يعاني منه كوكب الأرض ليس الديانات وإنما الإلحاد والتعبير عن الإلحاد في زماننا يتمثل في نظرية داروين والمادية".** ويتشابه المنطق الذي يتبناه هارون يحيى إلى حد كبير مع تراث انتقاد **التنوير الفرنسي** وحركة الحداثة وقد نشر في بريطانيا في العام ٢٠٠٥ كتاب تبنى فكرة مشابهة هو كتاب المؤرخ البريطاني دافيد أندرس **"الإرهاب: حرب أهلية في الثورة الفرنسية"**، وفيه يؤكد أن الإرهاب ثمرة الفكر المادي لحركة التنوير الفرنسية التي أطلقتها ثورتها وليس ثمرة التطرف الديني.

وهو واحد من أدبيات كثيرة جداً تعيد النظر في الصورة الرومانسية البراقة **للثورة الفرنسية** ومثل **التنوير الفرنسية**، وقد بدأت تلفت الأنظار منذ الذكرى المائتين **للثورة الفرنسية** (١٩٨٩) عندما نشرت الأطروحة الأكاديمية ذائعة الصيت للفرنسي رينالد سيشر **"إبادة جماعية فرنسية"** التي يخلص في نهايتها إلى أن الفكر المادي **للثورة الفرنسية** هو المسؤول عن أول هولوكوست في التاريخ الحديث ارتكبته

قوات **الثورة الفرنسية** ضد الفرنسيين المتدينين في فاندي (فندييه) شمال فرنسا.

وهارون يحيى هو اسم مستعار للمعلم عدنان أوكتار وهو ملمح أخر جدير بالتوقف إذ نشر الرجل مؤلفاته لفترة طويلة بهذا الاسم المستعار خوفاً من تداعيات دعوته على أسس **العلمانية الكمالية** التي تأسست على مثل **التنوير الفرنسية**. والطريف أن الارتباط بين هذه الدعوة الإسلامية وبين الموقف الإنجلوسكسوني الناقد **للتنوير الفرنسي لم تغب** عن تحليلات الفرنسيين لمن يقف وراء إرسال آلاف النسخ من الكتاب فالتكهنات بشأن التمويل دارت حول إسلاميين أتراك ونشطاء مسيحيين أميركيين!

في مواجهة الفاتيكان

المعركة حول داروين ليست الوحيدة التي تخوضها **العلمانية الفرنسية** حول دور الدين في الشأن العام: السياسي والثقافي والاجتماعي، والمعركة الثانية كانت في الفاتيكان، وحسب **لوموند ديبلوماتيك** التي نقلت تفاصيلها المثيرة (فبراير ٢٠٠٧) فإن ٥١ % فقط من الفرنسيين يعرفون أنفسهم على أنهم مسيحيون كاثوليك نصفهم فقط يعتبرون أن وجود الخالق "أكيد" أو "محتمل"!

وفرنسا التي تعد من المجتمعات الغربية الأكثر اهتماماً — رغم علمانيتها الصارمة — بإجراء إحصاءات حول الدين مشغولة منذ سنوات

بالصعود الكبير للأصوليات الدينية في الشمال والجنوب على السواء، ولكنها هذه المرة في مواجهة انقلاب تاريخي يعد له البابا بنديكت السادس عشر الذي يستعد لعودة الكنيسة الكاثوليكية لطقوس العبادة التي كانت سائدة في القرن السادس عشر، وأن التاريخ الأوروبي يعود إلى الوراء إلى ما قبل **صلح وستفاليا**، عندما كانت السلطة الروحية للفاتيكان أقوى بكثير من السلطة السياسية لملوك أوروبا، ففي **المجمع المسكوني** الذي اختتم أعماله عام ١٩٦٥، تم التخلي عن اللغة اللاتينية في العبادة لحساب اللغات المحلية واتخذت خطوات أخرى كبيرة في طريق تفكيك "عالمية" دور الفاتيكان لحساب الكنائس المحلية.

الأساقفة الفرنسيون يخوضون معركة ضارية ضد البابا بنديكت رافضين العودة إلى طقوس أكثر أصولية ومعترضين على التراجع عن عملية التصالح التاريخي التي حاول الباباوات في النصف الثاني من القرن العشرين التوصل إليها بين الإيمان الكاثوليكي وقيم **التنوير الفرنسية**، الطريف أنهم يخوضون هذه المعركة بينما صلة الفرنسيين بالكنائس تكاد تكون مقطوعة، فحسب وصف لوموند ديبلوماتيك: **"الفرنسيون قليلاً ما يصلون وما يذهبون لحضور القداس في الكنائس، وهم كثيراً ما يطالبون بالسماح للرهبان بأن يتزوجوا. هذا ما يجعل أساقفة فرنسا أكثر حساسية لكل ما يمكن أن يعطي الكنيسة وجها أقل انفتاحاً"**!

أي أنهم يحاولون تغيير المجتمع الكنسي دون أن يحافظوا على إقامة الشعائر الدينية ويرفضون قبول وجود نظرية مناقضة **لنظرية النشوء**

والارتقاء، وقبل أعوام أعربوا عن رفضهم لوجود رموز دينية في مؤسسات الدولة الفرنسية. وهذه المعارك تطرح الكثير من التساؤلات المشروعة حول مدى قابلية النموذج الفرنسي لأن يكون حلاً لمشكلات المنطقة العربية بعد أن استلهمته ــ جزئياً ــ حركات التحرر العربية، وبخاصة في تجربتي: حزب البعث وتجربة بورقيبة في تونس. كما أنه، وبالقدر نفسه، ينبه إلى الأهمية المتصاعدة لدراسة **"الأصول الثقافية"** للنظم السياسية وتأثيراتها في سياستها الخارجية وهو ما سيكشف عن تقارب كبير بين ثقافة العالم العربي والثقافة الإنجلوسكسونية التي لم تعرف الفصام العنيف بين العلمانية والدين.

الجدل حول العلمانية في عصر ما بعد العلمانية(26)

جان بول ويلام
مدير الأبحاث في المدرسة العلمية للدراسات العليا في باريس
تعريب: ألبير شاهين
مجلة الاستغراب
العدد : ٢
السنة الثانية – شتاء ٢٠١٦ م / ١٤٣٧ هـ

---

(٢٦) موقع مجلة الاستغراب – العنوان الأصلي للبحث:

Secularism at the European level: A struggle between non religious and religious worldviews, or neutrality towards secular and religious beliefs?

الرابط:

http://istighrab.iicss.iq/?id=21&sid=35

تُفهم العلمانية على المستوى الأوروبي (الاتحاد الأوروبي ومجلس أوروبا) بطريقتين مختلفتين: من ناحية تشير إلى منظور غير ديني يوجد بجانب أديان متعددة، وبهذا المعنى يمكننا أن نعتبر أن العلمانية تشكل معتقداً منتظماً بالطريقة نفسها التي تنتظم الأديان فيها؛ ومن ناحية أخرى يشير مصطلح "العلمانية" إلى حياد المؤسسات الأوروبية وممثليها حيال جميع المعتقدات، بما في ذلك المعتقدات الدينية. الكثير من المراقبين يخلطون بين هذين المعنيين للعلمانية، ولذلك فإن هذه المساهمة تستهدف — كما يقول كاتبها — إزالة الإبهام عن هذين المفهومين والنظر في ما ينطوي عليه كل منهما من مرتكزات ومبررات.

نشير إلى أن هذه الورقة قدمها الباحث الفرنسي جان بول ويلّام في المؤتمر الذي نظمته جامعة واشنطن في النصف الأول من نيسان أبريل ٢٠١٠ تحت عنوان: "الجدل حول العلمانية في عصر ما بعد علماني"، وقد تناول البحث هنا العلمانية على المستوى الأوروبي والصراع بين المنظورين الديني وغير الديني، فضلاً عن الحياد تجاه المعتقدات العلمانية والدينية.

المحرر

موضوع أمليتي هو تعييناً متعلقٌ بـ "**الجدل حول العلمانية في عصر ما بعد علماني**". وذلك يعني برأيي أننا نميز بين ثلاثة مفاهيم حول العلمانية:

(١). العلمانية كحياد بالنسبة لجميع الأديان ووجهات النظر حول العالم.

(٢). العلمانية كمنظور "علماني" بديل عن المعتقدات الدينية.

(٣). **العلمانية كنقد أو حتى معارضة للأديان.**

أعتقد أننا، ومن خلال تفحص هذه المفاهيم الثلاثة بالتوالي، سوف نتمكن من إبراز بعض صفات "**العصر ما بعد العلماني**" الذي دخلت فيه المجتمعات الغربية ــ وربما بعض المجتمعات الأخرى.

اسمحوا لي أن أبدأ بالمصطلح الفرنسي "**اللائكية**" ومصاعب ترجمته، إذ إن في مثل هذا العمل ما يكشف لنا الكثير من الغموض.

١. مشاكل مصطلح اللائكية (laïcité).

بالنسبة لمصطلح العلمانية بمعنى "**اللائكية**" يمكن لنا أن نبدأ ببعض الملاحظات حول المفردات ودلالاتها. من الصعب ترجمة كلمة اللائكية (laïcité) خاصة في اللغتين الإنجليزية والألمانية. ولست واثقاً ما إذا كانت كلمة "**العلمانية**" تصفها بدقة. إذ كيف لنا أن نمد هذا المصطلح إلى إيديولوجية قد تنتقد الدّين إن لم تُعادِه أصلًا؟ لكننا يمكن أن

نقابل فكرة هذا المصطلح في اللغة اللاتينية وفي كلمة "laicita" الإيطالية وفي كلمتي "laicismo" و"laicidad" الإسبانيتين، وأيضاً في اسم الاتحاد الإسباني "أوروبا لايكا" (Europa laica) وهو عضو في الرابطة الأوروبية الإنسانية (European Humanist Federation). إن صعوبة الترجمة هذه واضحة جدّاً في بلجيكا بين فئتين من مواطنيها تستخدمان لغتين مختلفتين: الوالونيين المتكلمين باللغة الفرنسية والفلمنكيين المتكلمين باللغة الهولندية. فبينما يشير الوالونيون إلى اللائكية والحركة العلمانية لتصف منظمة مثل "مركز العمل اللائكي" (Centre d'Action Laïque) بنفس الطريقة التي يشير بها جيرانهم الفرنسيون، يستخدم البلجيكيون الفلمنكيون مصطلح "vrijzinnig" الذي يمكننا ترجمته إلى "مفكر حر"، ولذلك فالترجمة الفلمنكية لـ "مركز العمل اللائكي" هي: Centrale Vrijzinnige Raad (مجلس المفكرين الأحرار المركزي)؛ كما يوجد لدينا "Unie Vrijzinnigen Verbond" (اتحاد رابطات الفكر الحر) والتي تعتبر منظمة " Humanistisch Verbond" (الرابطة الإنسانية) — وهي منظمة موجودة في هولندا أيضاً — إحدى أبرز أعضائها.

أما مصطلح مثل: "إنساني النزعة" (Humanist) فتستخدم في بريطانيا بالترابط مع "الاتحاد الإنساني البريطاني" (British Humanist Association) وكذلك لدينا في بريطانيا "الجمعية

١٨٢

العلمانية الوطنية" (National Secular Society) و"الرابطة العقلانية" (Rationalist Association). أما في فرنسا فتمثل رابطات ومجموعات مختلفة الحركات العلمانية مستخدمة مصطلح اللائكية في أسمائها مثل: "اتحاد العائلات اللائكية (Union des Familles Laïques) واللجنة الوطنية للعمل اللائكي (Comité National d'Action Laïque) بالإضافة إلى منظمات مثل "الاتحاد العقلاني" (Union Rationaliste) و"اتحاد الملحدين" (Union des Athées) التي يوحي اسمها بمعتقدات فلسفية بديلة عن الدين. إن منظمة كبرى "عصبة التعليم والتربية المستمرة" (Ligue de l'Enseignement et de l'Education Permanente) معروفة بأنها حركة علمانية خاصة بالنظام المدرسي؛ أما بالنسبة للدستور الفرنسي فتنص مادته الأولى على أن "فرنسا جمهورية علمانية ديموقراطية اجتماعية غير قابلة للتقسيم"، بينما يصرح تحديداً بأن الجمهورية "تحترم جميع المعتقدات".

تقودنا هذه الدراسة الخاطفة للكلمات وترجماتها ومعانيها المختلفة فوراً إلى رصد هاتين الملاحظتين:

١. للمصطلح "لائكية" صفتان باللغة الفرنسية: فعلى المستوى السياسي فهو يشير إلى مبدأ عام حول الحيادية تجاه نظام من المعتقدات

أو من "**وجهات النظر تجاه العالم**"، وهذا يشمل مبدأ الانفصال بين الدولة والدين. أما على المستوى الفلسفي فهو يشير إلى وجهات نظر علمانية وغير دينية تجاه العالم تصورها أصحابها كبدائل عن المعتقدات الدينية. أترك للمتحدثين باللغة الإنجليزية القرار عما إذا كان مصطلح "**العلمانية**" يشمل هذين البعدين أو لا؛ ولكن بحسب طبعة ١٩٨٩ من **قاموس أوكسفورد** للغة الإنجليزية (المؤلف من ٢٠ مجلداً) فمصطلح العلمانية يشير إلى محتوى نشط إذ يعبر عن قناعة أو مبدإ فلسفي هدفه الأساسي هو تبرير العلمنة وإعطائها هدفاً وضعيّاً وأخلاقيّاً. يعتقد البعض أن مفهوم "**العلمانية**" الإنجليزي ليس بقدر شمول فكرة "**اللائكية**" بينما في الحقيقة — وبحسب الفروق اللغوية الدقيقة — يمكن للعلمانية أن تذهب أبعد من **اللائكية**. وقد لاحظت أيضاً أن مناطق التأثير التي تُعرِّف نفسها على أنها لائكية تقليديّاً تشمل تيارات فلسفية ومنظمات يلعب انتقادها للأديان وإدانتها لها دوراً كبيراً في سبب وجودها.

وهكذا تظهر لنا ثلاث معان مباشرة للعلمانية:

(١). **العلمانية كالحيادية غير الطائفية للدولة (الدولة العلمانية)**.

(٢). **الطائفية كوجهة نظر علمانية للعالم بديلة عن الاعتقاد الديني**.

(٣). العلمانية كإيديولوجية تُضادُّ الدينَ وتدين ما تراه فيه كأخطاء وجوانب مؤذية (وعندها نتحدث عن النزعة اللائكية لا مجرد اللائكية)؛ دعونا نلاحظ أيضاً أن مناهضة المؤسسة الدينية ونقد سلطة هذه المؤسسة ورجال الدين فيها قد تجد بدورها التعبير في ثلاث صيغ مختلفة:

(١). كمعاداة دينية لسلطة رجال الدين.

(٢). كمعاداة فلسفية وسياسية لسلطة رجال الدين.

(٣). كمكونٍ معادٍ لسلطة رجال الدين من النقد العام للدين.

٢ . إن حقيقة أننا نجد مصطلح **اللائكية** في اللغات اللاتينية أكثر مما نجده في اللغات الأنجلو . سكسونية والألمانية يدفعنا إلى التساؤل حول ما إذا كانت فكرة **اللائكية** تقلق — على مستوى أوروبا على الأقل — البلدان ذات الغالبية الكاثولوكية أكثر مما تقلق البلاد ذات الغالبية البروتستنتية أو التي يتساوى فيها تواجد المذهبين. على جميع الأحوال يبدو أن **اللائكية** كسبب لإبعاد أي تأثير ديني على المؤسسات العامة والأفراد تعمل بشكل أكبر ضمن البلاد الكاثوليكية من البروتستنتية، وفي هذه الحالة فإنها تظهر كحركة "**تحرير**" وردة فعل ضد السيطرة والتأثير اللذين مارستهما الكنيسة الكاثوليكية على المجتمعات المدنية يوماً ما.

في مقارنة أجراها الفيلسوف والأستاذ في **جامعة بروكسل الحرة** جان مارك فيري بين فرنسا وألمانيا كان لديه الملحوظة التالية: "**إن** "علمنة" (laïcisation) المجتمع الفرنسي ليست هي بعينها

١٨٥

"علمنة" (sécularisation) المجتمع الألماني. فهاتان العمليتان مختلفتان في التحييد السياسي للأديان: فتتم هذه العملية في المجتمعات الكاثوليكية والما بعد كاثوليكية من خلال التفرقة، أما المجتمع البروتستنتي فمن خلال التحول الداخلي وامتصاص عناصر كانت دينية في الأصل". لقد تطورت روح عصر التنوير بطرق مختلفة في كل بلد وبالعلاقة مع الأسئلة الدينية فيها؛ ومن خلال إطلاق سراح الأفراد من السلطة الدينية وتحقيق مجتمع قائم على المساواة لم يتم التركيز على "نفس توجهات التقدم الذاتي نفسها"، كما أشار إلى ذلك جان مارك فيري بقوله: "لنقل أن التنوير الفرنسي ركز على الدولة والمحيط السياسي؛ أما التنوير الإسكتلندي فركز بشكل أكبر على الأسواق والمجتمع المدني؛ أما التنوير البروسي فقد ركز على الدراسة الجامعية والثقافة". (إذن الحديث عن العلمانية أو اللائكية ليس مثل الحديث عن "الآخر" النسبي الذي تُفسَّر العلمانية باعتباره؛ أي التفكير الديني؟ وبالمقابل فيمكن لـ "الآخر" بالعلاقة مع الدين أن لا يكون هامّاً لجميع أنواع الفكر الديني إذ أن ذلك الآخر ــ العلمانية ــ يفترض أنه من الممكن فصل الدين عما ليس إياه وهو أمر غير مفهوم بالنسبة لعدد من الخلفيات الثقافية.)

٢ . النموذج البلجيكي في العلمانية:

إن المقارنة بين فرنسا وبلجيكا مثيرة للاهتمام من المنظور العلماني بما أن كلًّا من هاتين الدولتين تظهران، بُعدَين وبشكل كامل، بُعدين من أبعاد العلمانية حقيقيّن وشرعيّن؛ وهما:

(١) العلمانية كمبدأ عام بين الدولة والأديان في ديموقراطيات تعددية تحترم حرية الضمير والفكر والدين مع كل شيء تتضمنه هذه الحرية.

(٢) العلمانية كمفهوم فلسفي يقوم على الحرية الفكرية واللا أدرية تقوم على رؤية دنيوية علمانية للإنسان والعالم وكبديل عن وجهات النظر الدينية حول العالم.

ما تختلف فيه هاتان الدولتان هو الطريقة التي تأخذان فيها هذين البعدين بعين الاعتبار؛ ففي فرنسا يشير الناس إلى العلمانية كقاعدة عامة وبشكل متكرر إلى درجة أنهم ينسون أن الناشطين العلمانيين يمثلون اتجاهاً محدداً وأنه وبغض النظر عن مدى الاحترام الذي يحظى به إلا أنه لا يمتلك شرعية أكبر من الأديان التي تحترم حقوق الإنسان والديموقراطية. في بلجيكا أيضاً تتم الإشارة بشكل متكرر إلى **"الركن العلماني"** إلى درجة أنه قد يغيب عن الأذهان أن العلمانية لا تمثل حركة فلسفية خاصّة، ولكن أيضًا مبدأ عامّاً يتكفّل بتنظيم العلاقة الاستقلالية المتبادلة بين الحكومة والأديان والتي يدافع عنها ويثمّنُها المؤمنون بالأديان وغير المؤمنين بها. في

الواقع فإن مقارنة فرنسا مع بلجيكا في المسألة العلمانية يعكس حيادية الدولة والمجال المعطى لوجهات النظر غير الدينية إلى العالم.

تمثل مقارنة فرنسا مع بلجيكا فوراً الأبعاد الثلاث التي تتضمنها فكرة العلمانية:

(١). العلمانية كمبدإ شامل يشير إلى حيادية الدولة والحكومة تجاه الأديان وجميع وجهات النظر تجاه العالم.

(٢). العلمانية كوجهة نظر بديلة عن الأديان تجاه العالم.

(٣). العلمانية كنقد ونشاط سياسي ضد الدين.

لكل من البُعدين الأولين مظاهرهما في كل بلد؛ فبينما نجد أن الجمهورية الفرنسية علمانية بمعنى أن العلمانية جزء من النظام الدستوري فيها فالنظام الملكي البلجيكي تعددي: والعلمانية فيه . التي ينظر إليها على أنها "**علمانية منظمة**" تفهم على أنها تيار فلسفي معين يرتبط معه أفراد وجماعات محددة لا على أسس دينية بل على أسس لا دينية مختلفة سواء كانوا مفكرين أحرارًا أو ماسونيين أو شيوعيين أو أي تيار فكري أو فلسفي أو روحي آخر. تمثل اثنتان من أكبر جامعات بلجيكا هذا النموذج التعددي المبني على "**أركان**" المجتمع البلجيكي: **جامعة بلجيكا الحرة** — وهي على صف المفكرين الأحرار — **وجامعة لوفين الكاثوليكية**.

أما بالنسبة للبعد الثالث — أي نقد الدين على أساس أنه نوع من إقصاء الآخر — فهو أيضاً موجود في كلا البلدين، ولكن بدرجات متفاوتة وضمن منظمات معينة ويوجد ضغط بين فهم ليبرالي للعلمانية كحيادية عادلة تجاه المعتقدات الدينية واللادينية، بما في ذلك الإلحادية من ناحية، وبين تصور العلمانية كاستقلال تام من جميع الدوائر الدينية وإيديولوجية محاربة للأديان. أعتقد شخصيّاً أن هذا البعد الأخير لم يتلاش كليّاً من الحالة الفرنسية وما فتئ يظهر من وقت إلى آخر كما كان الحال في السنوات الأخيرة مع **"الانتهاكات الطائفية"** (dérives sectaires) . وهو التعبير المستخدم للإشارة إلى التلقين العقائدي وإقصاء الآخر . وكذلك في القضايا التي أثيرت حول الإسلام. كانت النتيجة أن عاد نوع من الإلحاد المتشدد إلى الظهور . رغم أن هذا التطور في الأحداث لا يزال محدوداً إذا أخذنا جميع المعطيات بعين الاعتبار.

وبينما لا تعترف الحكومة الفرنسية ولا تمول أي دين فالدولة البلجيكية تعترف بعدد من الأديان وتدعمها؛ وبينما يميز ريك تورفز من **جامعة لوفين** بأن **"النظام البلجيكي يرسم حدوداً واضحة بين الدولة والدين"** و**"تتقبل استقلالهما عن بعضهما البعض"**، فإنه يقترح أن تمارس الدولة البلجيكية **"الحياد الإيجابي"** تجاه الأديان من خلال الاعتراف بعدد منها وتمويلها أيضاً. حين افتتح الوزير الفلمنكي غيرت بورجوا مؤتمراً جامعيّاً مؤخراً فقد بين هذه النقطة بقوله: **"الحياد لا يعني أن من الواجب على السلطات العامة ألا يكون لها علاقة بالمنظمات الدينية**

أو الفلسفية ولا يتعارض مع الدعم المالي للكنائس أو لأي مؤسسات دينية أو فلسفية أخرى بقدر ما يتعارض مع دعم النشاطات الاجتماعية التي تقوم بها الكنائس أو أي من المنظمات ذات التوجهات الدينية أو الفلسفية".

لكن من الأمور التي تهمنا هنا أنه وبجانب المسميات الدينية الستة (الكاثوليكية، البروتستنتية، الأنجلكانية، الأرثوذكسية، اليهودية، الإسلام) فإن الدولة البلجيكية تعترف أيضاً وبحسب القانون الصادر في ٢١ حزيران ٢٠٠١ بـ "**المجتمعات الفلسفية التي لا تحمل صفة دينية**"؛ وهو ما أسمته بلجيكا "**العلمانية المنظمة**" وما يجعل عالم الاجتماع كلود جافو يقول بأن العلمانية تمثل "**العقيدة السابعة المعترف بها**" في بلجيكا. ففي الجيش أو في السجن يمكن لأي مواطن أن يطلب رجل دين كاثوليكي أو بروتستنتي أو يهودي أو مسلم ... أو "**إنساني**" (أي لا يحمل صفة دينية).

جامعة لوفين الكاثوليكية جامعة عامة بشكل كامل كما هو الحال في **جامعة بروكسل الحرة** المتأثرة بالفكر الحر بل والماسونية. بعبارات أخرى فلا تعتبر العلمانية في بلجيكا كالإطار الشامل للمجتمع بأسره بل تعامل كوجهة نظر غير دينية إلى العالم، أي كبديل فلسفي محدد يعادل في حق متبعيه كونه "**ديناً**". لاحظ العديد من المراقبين أن الاعتراف المنظم

بالعلمانية، ثمّ التمويل التالي لها، كان له أثر لا يخلو من المفارقة إذ عزز النظام البلجيكي المعترف بالأديان والممول لها أيضاً.

توفر المادة الرابعة والعشرون من **الدستور البلجيكي** والمتعلقة بالتربية والتعليم الأساس لاحترام المفاهيم الفلسفية أو الدينية ضمن الحياة الخاصة والعائلية في نظام تربوي تنظمه المجتمعات اللغوية (الفرنسية والفلمنكية والألمانية):

١. التعليم حر؛ أيُّ إجراءٍ وقائي ممنوع؛ ولا يمكن قمع المخالفات إلا بحسب قانون أو مرسوم حكومي.

يقدم المجتمع خياراً حرّاً أمام الأهالي.

يعترف المجتمع بالتربية المحايدة. إنّ الحياد يعني، خصوصًا، احترام المفاهيم الفلسفية أو الأيديولوجية أو الدينية لدى الأهالي والطلاب.

تعرض المدارس، المنظَّمة من قبل السلطات العموميّة، وحتى آخر مدّة التعليم الإلزامي، خيارين: تعليم إحدى الأديان المعترف بها أو تعليم أخلاقي لا طائفي (لا ديني).

٢ . [...]

٣ . [...] لجميع الطلاب في عمر المدرسة حق التعليم الأخلاقي أو الديني على حساب المجتمع.

وحتى قبل قانون ٢١ حزيران ٢٠٠٢ بكثير فقد أتاح تنظيم العلمانية بجانب الأديان المجال أمام المدارس الرسمية في بلجيكا كي تنظم "التعليم الفلسفي" (أو تعليم مواضيع "وجهات النظر حول العالم" levensbeschouwelijke vakken) كما يسميها البلجيكيون الناطقون باللغة الهولندية) وأمام الطلاب وعوائلهم كي يختاروا بين التعليم الديني لإحدى الطوائف (أساساً: الكاثوليكية أو البروتستنتية، اليهودية أو الإسلام) وبين تعليم أخلاقي لا طائفي (لاديني). بالنسبة للمسألة العلمانية فمن المثير للاهتمام أن نلحظ هنا التسمية الغامضة: "**التعليم الأخلاقي اللّاطائفي (اللاديني)**"؛ فهل يعني هذا تقديم التعليم الأخلاقي المتعلق بالحد الأدنى من القواسم المشتركة في مجتمع تعددي — أي نوع من التعليم حول المواطنة والديموقراطية يتم فيه التعريف عن الحقوق والواجبات في مجتمعات تتميز بالاستقلال بين الدولة والدين وحقوق إلإنسان والحرية الفردية مع احترام جميع الرؤى الكونيّة؟ أم هل يتعلق الأمر بتعليم فلسفة أخلاقية معينة هي "**الفكر الحر**"؟ مع أنه لا يطلق اسم "**التعليم الأخلاقي العلماني**" على "**التعليم اللّاطائفي (اللاديني)**" ولكن بحسب "**مركز العمل اللائكي**" فإنها تشير إلى البحث الحرّ (الفكر الفلسفي النقدي) وهي "**الرابط الوحيد بين العلمانيّة والشباب**".

من المفيد جدّاً أن ننظر في ردات الفعل المختلفة في والونيا والفلاندرز بالنسبة للطلبات التي تقدمت بها عائلات شهود يهوه لكي تستثنى من "**التعليم الأخلاقي اللاطائفي (اللاديني)**" بما أن هذه

العائلات وبسبب عدم انتمائها لأي من الطوائف الرسمية لم ترغب في أن يتلقى أولادها دورساً أخلاقية لا دينية. ففي والونيا رفض طلب الاستثناء على أساس أن نظام "**التعليم الأخلاقي اللاطائفي (اللاديني)**" لا يُعلم الأطفال أي نظام أخلاقي معين بل الأسس الأخلاقية المشتركة بين الجميع؛ أما الفلاندرز فعلى العكس من ذلك قد سمحت بهذا الاستثناء على أساس أن "**التعليم الأخلاقي اللاطائفي (اللاديني)**" يتضمن دورساً أخلاقية في الفكر الحر وأن الاستثناء يتناسب مع حق العائلات في حرية اختيار التعاليم الدينية أو الفلسفية التي تتوافق مع تطلعاتهم. من خلال هذا المثال يمكننا أن نرى كيف يشكل النظام البلجيكي وبدون شك مشكلة بالنسبة للأقليات الدينية ذات الأعداد القليلة لدرجة أنه لا يمكن أخذها بعين الاعتبار لتنظيم صفوف دينية خاصة بهم (ويشمل هذا أيضاً البوذيين وأتباع الحركات الدينية الجديدة ...).

بالإضافة إلى ذلك فإن مناهج الدراسية الفلسفية المختلفة سواء كانت دينية أو لا جميعها تزعم أنها تتبع سبلاً مختلفة للوصول إلى أهداف مشتركة؛ وهكذا فإذا قرأنا منشور حكومة المجتمع الفرنسي في بلجيكا تحت عنوان "**مناهج الصفوف في الأخلاق والدين ـ أماكن التعليم**" فسوف نجد العبارات التالية:

"سواء أشار البشر إلى تجربة دينية أو ذكرى شعب أو إلى ثقافة علمانية فإنهم جميعاً لا يزالون يواجهون الأسئلة الأساسية نفسها. فالولادة والحياة والموت لا تزال تطرح عليهم الأسئلة

الميتافيزيقية الكبرى نفسها. كما أن اللامساواة الاجتماعية والحرمان من الديموقراطية والجرائم ضد الإنسانية جميعها تفرض متطلبات جديدة للعدالة. كما أن التقدم في مجالات التكنولوجيا والطب والجراحة والعلوم الوراثية جميعاً تطرح علينا قضايا أخلاقية".

بغض النظر عن القيم التي يحملها كل واحد منا حتى نتميز بها في أنفسنا فجميعنا نود التأكيد على عدد قليل من المثل التي تجمعنا في الغاية نفسها:

. ديناميكيات التحرير، بما في ذلك تحرير الفكر، حيث يتجلى تقزيم كيان الإنسان أو إفقاره أو قمعه أو نفيه.

. سعي لا يعرف الكلل إلى السلام والأخوة والعدالة والصداقة والمحبة.

. تطوير الالتزام الديموقراطي من خلال تعليم وتعلم الحوار والتسامح والاحترام المتبادل في ما يتعلق بالفروقات.

. تربية في المواطَنة من خلال الاعتراف بحقوق الإنسان والحريات الأساسية واحترامها.

يجب أن تتمركز المدارس حول الإنسان؛ مناهج صفوف الأخلاق والدين هي أماكن تربوية تُعزّز الإندماج في مجتمع تعددي، مع احترام جميع العقائد الفرديّة. ومن خلال العمل التربوي المناسب تساعد على محاربة

عدم الاكتراث والتعصب والدوغمائية وعدم التسامح والعنف والسلبية وجميع الأمراض المجردة للإنسان من إنسانيته في أيامنا.

حتى ننهي القضية البلجيكية ونعرض كامل تعقيداتها دعونا نلاحظ أن "اتحاد بلجيكا البوذي" طلب سنة ٢٠٠٦ أن يعترف به لا كديانة مستقلة بل كـ "**فلسفة نحو الحياة لا تحمل صفة دينية**"؛ لو انضم البوذيون إلى المفكرين الأحرار والماسونيين والعقلانيين في "**الركن العلماني**"، لربما خفف ذلك وبشكل مستمر من أهمية هدفهم في تقديم بديل عن الدين. أما بالنسبة لمناهج صفوف الأخلاق اللاطائفية (اللادينية) ومن حيث اعتبارها كمناهج علمانية، فهل يمكننا اعتبار الأخلاقيات البوذية أخلاقيات علمانية؟

توجد فائدة كبيرة في تعقيد النظام البلجيكي من حيث إنّه يدفعنا لأن نطرح بعض الأسئلة الجيدة حول العلمانية، ويمكننا أن نرى ذلك أيضاً في مجال التمويل الحكومي لـ "**العلمانية المنظمة**" كما أظهر ذلك جان فرانسوا هاسون وكارولين ساغيسر. إذا كانت الدولة تمول المعتقدات التي تعترف بها فعليها أن تكون قادرة على أن تخصص بعض مصادرها لمعتقدات مختلفة على أساس الأهمية العددية؛ ويثير هذا بدوره تساؤلاً جسيم الأهمية: كيف يعد الواحد "**شريحة اجتماعية**"؟ هل سيشمل هذا جميع من يُعرِّفون عن أنفسهم على أهم لا يتبعون ديانة معينة أم سيشمل فقط المفكرين الأحرار والعلمانيين المتشددين؟ سنعود إلى هذا السؤال من وجهة نظر اجتماعية عامة.

١٩٥

٣) العلمانية الأوروبية كمبدأ حياد وحرية عام:

إذا أخذنا "ميثاق الاتحاد الأوروبي للحقوق الأساسية" الذي اعتمدته القمة الأوروبية في نيس في ١ كانون الأول ٢٠٠٠ وبالإضافة إلى "اتفاقية لشبونة" التي دخلت حيز التنفيذ في ١ كانون الأول ٢٠٠٩ فإنا نجد أن أياً منهما لا تذكر العلمانية، ولكن "الحريات" وخاصة الحرية الدينية و"الميراث الديني والإنساني" و"الكنائس" و"المجتمعات الدينية" و"المنظمات الفلسفية التي لا تتمتع بصفة دينية". نلاحظ أولاً في هذه النصوص أنها أخذت بعين الاعتبار وبالإضافة إلى الأديان المعتقدات الفلسفية واللادينية. وهكذا نرى أن اتفاقية لشبونة ذكرت في مقدمتها كلًّا من: "الميراث الديني" و"الميراث الإنساني" (العلماني أو اللائكي) في أوروبا:

"مستلهمين من التراث الأوروبي الثقافي والديني والإنساني والذي تطورت منه القيم العالمية لحقوق الإنسان التي لا تقبل الانتهاك ولا التغيير بالإضافة إلى الحرية والديموقراطية والمساواة وحكم القانون".

تنص اتفاقية لشبونة في مكان آخر في المادة التي أعيدت تسميتها إلى ١٦ أج:

١. يحترم الاتحاد ولا يتحيّز ضدّ الوضع الذي عرفه القانون الدولي للكنائس والروابط أو المجتمعات الدينية الموجودة في دوله الأعضاء.

٢ . يحترم الاتحاد والدرجة نفسها الوضع الذي عرفه القانون الدولي للمنظمات الفلسفية غير المعترف بها رسميّاً كطوائف دينية.

٣ . من خلال الاعتراف بهويتهم ومساهمتهم الخاصة سيحافظ الاتحاد على حوار مفتوح وشفاف ومنتظم مع هذه الكنائس والمؤسسات.

إنّ الفقرة الثانية من هذه المادة التي أضيفت بناءً على طلب خاص من البلجيكيين تشير إلى **"المنظمات الفلسفية غير المعترف بها كطوائف دينية"**، أما الفقرة الثالثة التي تتحدث عن **"حوار مفتوح وشفاف ودوري مع هذه الكنائس والمنظمات"**، فهذا يشمل أيضاً وكما تشير إليه كلمة **"منظمات"** إلى مناظير فلسفية علمانية إلى الحياة. وهكذا يبدو أن العلمانية قد شُملت من حيث بعدها الثاني، أي كمعتقد فلسفي بديل عن المعتقدات الدينية.

بالنسبة لـ **"الاتفاقية الأوروبية لحماية حقوق الإنسان والحريات الأساسية"** سنة ١٩٥٠ فهي تؤطر من خلال المادة التاسعة مبادئ حرية الفكر والضمير والدين من غير أن تذكر العلمانية:

١ . لكل واحد حرية الفكر والضمير والدين؛ هذا يشمل الحرية لتغيير دينه ومعتقده كما يشمل الحرية في أن يقوم لوحده أو مع مجموعة في العلن أو في حياته الخاصة بإظهار هذا الدين أو المعتقد في التعبد والتدريس والممارسة والاتباع.

٢ . لا مانع أمام حرية الشخص بأن يظهر دينه أو معتقداته إلا الحدود التي يفرضها القانون والضرورية في مجتمع ديموقراطي لغاية السلامة العامة أو لحماية النظام العام والصحة أو الأخلاقيات أو لحماية حقوق الآخرين وحرياتهم.

وبروتوكول إضافي يتعلق بالتعليم:

لا يُمنع أي شخص من حق التعليم. في ممارسة الدولة لأي وظائف بالعلاقة مع التربية والتعليم ينبغي أن تحترم حق الوالِدين في التأكد من أن هذه التربية وهذا التعليم يتوافقان مع قناعاتهم الدينية والفلسفية.

وهكذا، فلم يأت أي نص من النصوص الثلاثة السابقة على ذكر كلمة "العلمانية"، فهل تم إهمال حقيقة ما تغطيه العلمانية؟ ليس الأمر كذلك أبداً. الاتحاد الأوروبي المؤلف من ٢٧ دولة علمانية سواء كان ذلك في تطوير سياساته أو في إداراته: لا توجد أي علاقة مؤسساتية بين هذه السياسات والإدارات وبين أي نظام ديني أو فلسفي ولا تمتلك هذه الأنظمة أي سلطة على عمليات اتخاذ القرار ضمن الاتحاد الأوروبي. بل يوجد فصل بين الكنائس والسلطات العامة الأوروبية بشكل يتوافق مع المبادئ العلمانية الثلاثة الكبرى:

٣ ـ حرية الضمير والفكر والدين والتي تشمل حرية أن يكون لدى الفرد دين أو أن لا يكون لديه دين وكذلك حريته في أن يغير ديانته وفي أن يمارس ديانته ممارسة لا تخضع إلا لاحترام القانون والديموقراطية وحقوق الإنسان.

٤ ـ الحقوق والواجبات المتساوية بين جميع المواطنين بغض النظر عن معتقداتهم الدينية أو الفلسفية؛ أو بكلمات أخرى: عدم تمييز الدولة والسلطات العامة بين المواطنين على هذه الأسس.

٥ ـ استقلال الدولة والأديان عن بعضهما البعض والذي يعني وبنفس الدرجة حرية الدولة من الأديان وحرية الأديان من الدولة (ضمن إطار القانون والديموقراطية).

لقد ترسخت هذه المبادئ العلمانية العامة في المؤسسات على المستوى الأوروبي وبشكل شامل أيضاً ولكنها تظل علمانية تحترم مستويات مختلفة من العلاقات بين الدولة والكنيسة السائدة في الدول الأعضاء؛ ولكن حتى لو اعترفت **العلمانية الأوروبية** بوجود الأديان في المحيط العام فإنها لا تعطيها أي سلطة قانونية أو أي دور ضمن مؤسسات الدولة وتظل هذه الأديان مع الاعتراف بها على مختلف أطيافها، أمراً عائداً إلى المجتمع المدني. فهي إذن علمانية اعتراف بالتنوع وحوار معه تمنع قيام علاقة مؤسساتية بين مؤسسات الاتحاد الأوروبي وأي دين؛ **والاتحاد الأوروبي** كمؤسسة وعلى جميع الصعد الأخرى علماني بدرجة أكبر من

أي دولة من الدول التي تؤلفه، لكن وكما قلنا فإن علمانيته علمانية اعتراف وحوار تتيح المجال أمام **"حوار مفتوح وشفّاف ومنتظم"**، سواء مع الأديان أو مع نظم الاعتقاد العلمانية؛ ولذلك تجمع العلمانية على المستوى الأوروبي بين مبدإ حياد المؤسسات العامة تجاه الأديان ومبدإ عام من الاستقلال بين المحيطين السياسي والديني/ الفلسفي مع الاعتراف . بجانب الأديان . بوجهات النظر العلمانية نحو العالم .

٤. العلمانية كتصور لا ديني للإنسان والعالم

إن السؤال المطروح هنا هو عن المكان الذي يجب أن يعطى لوجهات النظر اللادينية إلى العالم . أو إلى **النزعات الإنسانية العلمانية** — إذا ما سلمنا أن إحدى أشكال **النزعة الإنسانية** العلمانية فيها خير مشترك بين الجميع سواء كانوا مؤمنين أو غير مؤمنين (أي أن العلمانية ليست حكراً على الأشخاص ذوي النزعات الإنسانية / العلمانية) ويجب أخذ الاعتقادات اللاأدرية والإلحادية بعين الاعتبار إذا كانت منظمة اجتماعيّاً. يمكن لهذا أن يحصل من خلال المنظمات العلمانية كما هو الحال في بلجيكا أو أن تدرج المجتمعات اللادينية نفسها بشكل قانوني (مثل الأديان) كما هو الحال في ألمانيا.

تبدو البدائل إما الدعوة إلى تنظيم **النزعات الإنسانية العلمانية** والاعتراف بها ودمجها بجانب الأديان، كوجهات نظر علمانية إلى العالم تدعوا إليها جماعات ومنظمات ذات نزعة علمانية، وإما اعتبار أن

الإنسانية العلمانية وناشطيها ذوي النزعة العلمانية يمثلون رؤية أشمل وأعم وفي هذه الحالة ستمنع التصورات الدينية من أن تمتلك بعداً شموليّاً بالقوة وستكون المخاطرة في هذه الحالة الأخيرة أننا سنعتبر النزعات **الإنسانية العلمانية** الفلسفة التي تشمل جميع المجتمع، أما النزعات الإنسانية الدينية فسوف تمثل مجرد آراء معينة فيه — بينما يمكننا أن نجادل وبالمقابل أن النزعة الإنسانية العلمانية مجرد وجهة نظر معينة أخرى وأن الإنسانية المشتركة والعامة والتي تشير إليها أوروبا هي تلك الغنية بكل من **"الميراث العلماني"** و**"الميراث الديني"**. وهذا هو السبب الذي لأجله اقترحت أن نخصص مصطلح **"الإنسانية اللائكية"** للإشارة إلى إطار مرجعية كل من أتباع الديانات والعلمانيين والإطار العام للعيش المتناغم في أوروبا تعددية.

مرة أخرى نجد هنا مفهومين متميزين تماماً للعلمانية كلائكية: **اللائكية** كالخير المشترك سواء للمؤمنين أم غير المؤمنين؛ وكذلك **اللائكية** كوجهة نظر علمانية إلى العالم بديلة عن الأديان تحملها منظمات ودعاة يروجون لها، سواء كانوا ناشطين عقلانيي النزعة أو مفكرين أحرارًا أو علمانيين؛ وإذا كان لكل من التعبيرين عن **اللائكية** وجوده وشرعيته فلا يمكن للائكية الأوروبية إلا أن تكون شاملة للكل تدمج جميع مصادر **النزعة الإنسانية** بغض النظر عن كونها علمانية أم دينية. بهذا المعنى يمكننا أن نقول أن **النزعة الإنسانية الأوروبية** أقرب إلى **"اللائكية"** منها إلى العلمانية فليست هي الامتياز الحصري لا للعلمانيين ولا للدينيين لأنها تدمج كلًّا من النزعات الإنسانية الدينية مع تلك العلمانية. من وجهة

النظر هذه من المهم أيضاً أن نبذل أقصى الجهود ونتعامل بأدق ما يمكن مع الإحصائيات التي تشير إلى الانتماءات الدينية في أوروبا إذ إنه وأثناء عمليات المسح الإحصائي لا يمكننا أن نعتبر تلقائيّاً الأشخاصَ الذين يعرِّفون عن أنفسهم أنّهم بلا ديانة، أصحابَ نزعة إنسانية علمانية وكأنّهم قد أعلنوا عن كونهم **"ناشطين علمانيين"** فقط لأنهم أعلنوا عن كونهم بلا ديانة. من وجهة النظر هذه علينا أن نحجز علامة **"إنساني علماني"** لهؤلاء الذين يعلنون صراحة عن كونهم ملحدين أو لا أدريين.

لاحظ هيوبرت دوتيير في دراسة أجراها حول **"الفكر الحر والماسونية والحركات العلمانية"** في بلجيكا أنه "يوجد فرق كبير بين عدد الناس الذين لا ينتمون لأي كنيسة أصلاً، وعدد الناس الذين يشاركون في رابطات المفكرين الأحرار"؛ فعدم كون الشخص صاحب دين ليس كافياً حتى يعتبر **"مفكراً حرًّا"** إذ ليس هذا الأمر توزيعاً ذا مجموع صفري بحيث ما تخسره الأديان تربحه العلمانية، فيجب علينا أن نعتبر الأشخاص الذين يعرفون عن أنفسهم أنهم بدون دين أو بدون أي انتماء فلسفي محدد كأشخاص غير مكترثين بدون أي معتقد، يمكننا تمييزه لا على المستوى الدينّي ولا على المستوى الفلسفي، لكن لهذا السؤال أهمية أكبر عند الخط الدقيق والسهل العبور الذي يفرق بين **"المؤمنين المتشككين"** الذين يعرفون عن أنفسهم أنهم ينتمون إلى ديانة معينة أو **"المتشككين المؤمنين"** الذين يعرفون عن أنفسهم أنهم بدون دين ولكنهم في الوقع ينتمون إلى مذاهب معينة مختلفة يهتمون من خلالها

بالوصول إلى إجابات حول تساؤلاتهم الروحية فلا يمكننا إذن أن نأخذ "العلمانية" كمنظور فلسفي علماني بديل عن الأديان إلا إذا أظهرت نفسها بوضوح من خلال منظمة وقاعدة اجتماعية من الأعضاء.

٥) العلمانية كنقد للدين

كانت الانتقادات الفلسفية والعلمية والسياسية للدين — وإلى حد ما لا تزال — بُعداً جوهرياً وبنيوياً من **الحداثة الأوروبية**؛ وقد ترافقت هذه الانتقادات مع معاداة للمؤسسات الدينية، نتجت عن الحرية، لم توفر لا الدين ولا ممثليه من الإساءة. تطورت هذه النزعة المعادية للمؤسسة الدينية في البلاد الكاثوليكية تحديداً ووجهت خصوصاً إلى الرهبان وقد تركت أثرها الدائم في شكل النظرة إلى الدين على أنه معاد لتقدم العلم والحرية وتطور الأخلاقيات، وقد أصبحت هذه النزعة سمة من سمات الحداثة كحركة نحو للتقاليد والسير إلى مستقبل أفضل دفعتها إيديولوجيات التقدم سواء كانت يمينية أو يسارية.

أساءت هذه النزعات المعادية للمؤسسة الدينية إلى ممثلي الأديان أكثر مما أساءت إلى الأديان نفسها وقد تركت أثرها الدائم في رؤية الحرية كنوع من أنواع التطور الذاتي. ولكن وكما لاحظ فيليب بورتيير فقد "تغير هذا الإجماع حول الحرية خاصة بين نخب الفنانين ورجال الأعمال (وعليَّ أن أضيف أيضاً أنها تغيرت بين مشاهير وسائل الإعلام)؛ ففي السابق كانت المقاربة نحو الحرية هي "حرية تطوير النفس" والتي

كانت لتقود صاحبها إلى انقطاع عن "الأنا الداخلي" نحو عقل كلي منفتح على التغيير؛ ولكنها غالباً ما تُفسَّر الآن على أنها الغياب الكامل للقيود مما يتيح المجال أمام أي شخص أن يسعى لأن يشبع مصالحه الشخصية ورغباته دون أدنى اعتبار للناس الآخرين". وهكذا وكما يشرح فيليب بورتيير تغيرت **"المعاداة للمؤسسة الدينية كنوع من الانعتاق من القيود القديمة"** بإدانة السلطات الكنسية إلى **"معاداة المؤسسة الدينية كنوع من الاستفزاز"** يتجه إلى التعيير المسيء للرموز الدينية. بحسب ما قاله فيليب بورتيير تتميز **"معاداة المؤسسة الدينية كضرب من السخرية"** التي تتميز بها حداثتنا المفرطة بثلاثة عناصر:

(١). **تغير المحتوى أصلاً:** فلم تعد معاداة المؤسسة الدينية المسيحية تتوجه مثلاً ضد المؤسسات الكنسية وجشع وتعصب تسلسل قيادتها الهرمي، بل أصبحت موجهة نحو رمز السيد المسيح إن لم تكن موجهة ضد الإله نفسه!

(٢). بينما كانت معاداة المؤسسة الدينية تجد تعبيرها الأفضل على أوراق الفلاسفة والمفكرين فإنها اليوم تعبر عن نفسها أكثر فأكثر من خلال الصور إذ إن "سمتها البارزة ليست التفسير والبيان بل الاستفزاز والاستثارة".

(٣). بينما كانت الكاثوليكية هي العدو المحدد لهذه النزعة فقد أصبح الإسلام هو الهدف الذي تتوجه إليه (وإن عادت أشكال معينة من معاداة الكاثوليكية إلى الظهور). كذلك يميل أصحاب هذه

الدعايات إلى اختلاس السمات البارزة في بعض أديان الشرق الأقصى مثل بوذية زن مثلاً.

معاداة المؤسسة الدينية كضرب من ضروب الانعتاق لا تزال موجودة بغض النظر عن هذه التغيرات. وهي تمثل تياراً من تيارات انتقاد الدين في المجمل أو دين محدد يعبر عن عنصر بنيوي في المجتمعات الحديثة التي تضمن حق الحرية الدينية من ناحية (ضمن حدود الديموقراطية وحقوق الإنسان) والحرية لنقد الدين بالمقابل أو لأن يقوم شخص ما بتغيير دينه أو حتى أن يتخلى عن الانتماء الديني بالكلية. دعونا نلاحظ ببساطة أن هذه النزعة المعادية للمؤسسات الدينية قد عادت إلى نشاطها من خلال إعادة تأكيد الهويات الدينية وخاصة في توجهات عقادية تقليدية أو كاريزماتيكية وكردة فعل لبعض الأخبار العالمية التي عُكِست في طرق معينة في إظهار الدين الإسلامي. ولكن على العموم فمعاداة المؤسسات الدينية كضرب من ضروب الانعتاق فقدت زخمها مع تقدم العلمنة، بحيث ذهب بعض المراقبين إلى اعتبار أن الدين فقد زخمه إلى الأبد ("من غير المفيد أن نقوم بفعل المزيد)؛ لكن حين واجه هؤلاء المراقبون إحياء الهويات الدينية في أوروبا كما هو الحال في بقية أنحاء العالم وتنبهوا إلى حقيقة أن الأديان عادت لتحمل مُثلاً ومعايير مختلفة عن المجتمع العلماني خشي البعض حتى عودة سلطة المؤسسات الدينية، وربما إعادة النظر في العلمانية (كما هو الحال في فرنسا).

الحداثة المفرطة:

طالما يظل الدين "معلمناً" ومنخفض النبرة ستظل النزعات المعادية للمؤسسات الدينية القائمة على الانعتاق نائمة ولكنها تستيقظ اليوم مثل الأديان التي تريد معارضتها، ومن الأمثلة الجيدة لهذا الجدل الدائر حول ارتداء الحجاب الإسلامي في المدارس أو النقاب في المناطق العامة خاصة وأن الأمر من الزاوية العلمانية يتعلق بحقوق المرأة ولطالما كان وضع المرأة نقطة حساسة في المواجهة بين وجهات النظر الدينية والعلمانية. بالنتيجة لا يزال لدينا صراع متكرر بين الحداثة التحررية والأديان تتجلى فيه بشكل أكبر معاداة المؤسسات الدينية من حيث التواصل لإيصال أنواع معينة من النقد الديني في إطار الجدل العام.

ولكن يوجد المزيد كما يوجد شيء آخر، يوجد المزيد في هذه المعاداة للمؤسسات الدينية التي تتخذ طابع الاستفزاز والسخرية التي وسمت الحداثة المفرطة للفرد المتحرر المعاصر الذي يرى أن حريته وخصوصاً حرية تعبيره هي فقدان أي قيود على حقه المطلق في فعل أو قول ما يحلو له من غير اعتبار للآخرين. إن معاداة المسيحية الموجودة في بعض موسيقى **الروك أند رول** الجديدة **(الميتال الأسود)** ممتعة وفنية بلا شك ولكنها ألهمت أيضاً بعض الأفراد كي يحرقوا الكنائس ويدنسوا القبور. قال فرانسوا بويسبفلاغ: **"لقد اختار المجتمع الفرنسي ـ وهذا أمر حديث نسبيّاً ـ أن يتخلص أو أن يقول بأنه يود أن يتخلص من أي نوع من الرقابة على الصور أو تقريباً أن نصل إلى ذلك. فنجده الآن يراقب فكرة الرقابة ويعتبر أن التجديف فكرة فقدت معناها إلا إذا أعلنا بشكل**

عالٍ وواضح أن نمنعها في ظروف مثل تلك التي نمر بها الآن. كان من المستحيل علينا تجنب الكثير من المآسي لولا رقابة الأفراد على أنفسهم إذ إن هذه هي الرقابة الوحيدة المتبقية وأتمنى أن تجد هذه الرقابة مصدراً آخر لوجودها بدلاً من الخوف". إذن أفليس من الخطر هنا أن نبدي ملاحظات تسيء إلى الآخر أو ما تعتبره **المحكمة الأوروبية لحقوق الإنسان** تعبيرات "لا تساهم بأي شكل في نقاش عام يمكن له أن يخدم التقدم في شؤون الإنسانية".

ففي معاداة المؤسسة الدينية عن طريق السخرية والاستفزاز أليس الفاعل يُعبر عن نفسه بشكل أكبر ويتواصل بشكل أقل؟ أليس الذي يدنس المقدسات يفعل ذلك بغرض إرضاء نفسه قبل كل شيء؟ في هذا النوع من معاداة المؤسسة الدينية ألا يدنس هؤلاء بغرض التدنيس فقط ومن أجل لذة التعدي على الآخرين؟ إن هدف معاداة المؤسسة الدينية كنوع من السخرية والاستفزاز هو الإساءة إلى حساسيات الآخرين الدينية وهو نقد مستفز بشكل مقصود. يكتب فرانسوا بويسبفلاغ قائلاً: "**يوجد شيء مؤكد واحد: هو أن المزيد من حرية التعبير هو أمر يسخر من نفسه لأنها تصبح غاية في نفسها وحين تفتقد إلى معرفة ما تعبر عنه فإنها تصبح مجرد حاجة لتوكيد النفس لمجرد توكيد النفس**".

إذا انتقلنا من النقد الحديث الذي يهدف للتحرر من السلطة الدينية إلى مجرد نقد متمرد يستهدف الحساسيات الدينية ألا نكون ننتقل

أيضاً من النقد الديني العقلاني إلى نقد متمرد للعلمانية المفرطة الحداثة؟ إذا عبرنا عن الأمر بطريقة مختلفة فلن يعود الأمر بمجرد مواجهة بين قناعات مختلفة بل صدامًا بين حساسيات مختلفة. إن الضعف الوجودي للحداثة الغربيّة المفرطة يمكن أن يتسبب في نقد مستفز لا مسوغ له لأي دين يتعارض مع الحداثة التحررية اجتماعيّاً وسياسيّاً وفكريّاً.

كما قلنا يوجد المزيد ويوجد شيء آخر. هذا الشيء الآخر هو أننا اليوم لا نرى فقط نقداً اجتماعيّاً وفلسفيّاً وفنيّاً للدين يعكس بدرجات متفاوتة العلاقة النقدية التي تحتفظ بها الحداثة الغربية مع الدين بل إننا أيضاً نرى انتقادات للحداثة الغربية تنبع من الدين وكما تعتقد عالمة الاجتماع البريطانية غريس ديفي أن **"انتقاد العلماني من خلال الرجوع إلى المراجع الدينية يعكس الحداثة بقدر ما تعكسها الانتقادات العلمانية لما هو ديني"**. بالإضافة إلى ذلك فإن هذه الحداثة تواجه تعبيرات دينية ظلت لفترة طويلة مرتبطة مع بيئات ثقافية معينة مثل الحضارة العربية ـ الإسلامية ـ مما جعلها تقع تحت محك ووجهات نظر ثقافات أخرى. إن النقد الداخلي والخارجي للأديان من قبل الحداثة الغربية في هذا العصر المفرط في الحداثة تجلب الأديان إلى المحيط العام مرة أخرى إلى درجة تمس بتفسير إنسانية الإنسان (بما في ذلك قضية حقوق المرأة) والتي عادت إلى مقدمة النقاش العام وأجندات القرار السياسية: مثل الأخلاقيات المتعلقة بالبيولوجيا في قضايا الحياة والموت أو الاستنساخ أو الأسئلة المتعلقة بالمثلية الجنسية والأبوة والأمومة إلخ. إن عودة الدين هذه

إلى المحيط العام للجدل الجماعي تعيد طرح الأسئلة حول حدود الدين والحرية الدينية كما تثير سؤال حرية التعبير المتعلقة بالأديان.

أعادت عودة الأديان إلى المحيط العام التساؤل حول العلمنة الغربية المفرطة وفي وجهها مُفَارَقة مدّ **"المقدس"** وجزره. لربما أصبح من غير المحتمل بالنسبة للبعض أن يجد نفسه وجهاً لوجه مع مجموعة من المعتقدات والمدارك **"الخالدة"** التي يتمسك الناس بها وقد يفسر هذا نزوعهم نحو الاستفزاز دون مبرر و**"إعادة اختراع"** المقدس من خلال التعدي على ما هو مقدس بالنسبة للآخرين.

يمكن للانتقادات الداخلية والخارجية التي توجهها الأديان إلى الحداثة الغربية أن تساهم أيضاً في حماية النزعة التحررية التي تحملها من النسبوية (relativism) التي أصبحت واسعة الانتشار والتي تهدد كامل إنجازات هذه الحداثة، ولكن هذه الانتقادات الدينية للعلمانية تجري أيضاً ضمن النزعة التمردية في عالم الحداثة المفرط في الحداثة بهدف إحداث صدمة في العلمانية الغربية ولمس الحساسيات العلمانية من خلال — مثلاً — إعادة تأكيد التصورات التقليدية للعلاقة بين الجنسين. إن المشهد المعاصر لا يبدو وكأنه صراع معتقدات بقدر ما هو صراع لنزعات تمردية مختلفة ضمن ثقافة عولمة تعتمد كثيراً على الصور، فالتحول نحو الراديكالية في التعامل مع المقدس يولد بالمقابل تعاملاً راديكاليّاً في الرد عن المقدس؛ ويمكن لعمليات السخرية والاستفزازات التي لا مبرر لها أن تزيل كل شيء

في طريقها: الحداثة في بُعْدَيْها العقلاني والتحرّري والأديان كينابيع للحكمة والتسامي الروحي.

الخلاصة

تسود العلمانية المتضمنة للاعتراف بالأديان في أوروبا، أو بكلمات أخرى فأوروبا تحترم استقلال الدولة والدين عن بعضهما البعض وتسعى إلى حماية المبادئ الأساسية مثل الحرية وعدم التمييز التي تعنيها هذه الحرية. تعترف أوروبا إذن بالمساهمات الاجتماعية والتربوية والمدنية التي تقدمها الأديان والمعتقدات وتدمجها جميعاً بالنتيجة في المحيط العام.

بالنسبة للعلمانية/ **اللائكية** فللتكامل الأوروبي نتيجتان: الأولى أنها تقوي الوسائل القانونية للجوء إلى العلمانية وترك أثرها على حقوق الإنسان والمبادئ الأساسية للديموقراطيات الليبرالية والتعددية بغضّ النظر عن الأنظمة القانونية التي تحكم العقائد والخصوصيات العقائدية لكل بلد. إنه نجاح العلمانية وقبولها كمعيار عام، ولا يمكننا هنا أن نهمل ذكر الدور الهام الذي لعبته "الاتفاقية الأوروبية لحماية حقوق الإنسان والحريات الأساسية" في هذا المضمار.

لقد أصبحت مبادئ العلمانية الأساسية جزءاً لا يتجزأ من الثقافة الأوروبية بينما يظل كل بلد يحترم مختلف أنواع العلاقات بين الكنيسة والدولة القائمة فيها. عدا عن ذلك فالطريقة التي وضعت فيها المؤسسات

الدينية والفلسفية بجانب بعضها البعض في بروكسل تشير إلى أن الطريقة التي ينظر فيها إلى العلمانية تظل كتصور فلسفي معين (الفكر الحر أو النزعات الإنسانية الإلحادية) والتي تقف بجانب وجهات النظر الدينية نحو العالم وليس كإيديولوجية عليا تشمل جميع الأديان (كما لدينا في النموذج البلجيكي – الهولندي الذي يبني أركاناً تشمل العلمانية كشريحة من المجتمع بجانب شرائح دينية مختلفة). تمثل مؤسسات مثل **الرابطة الإنسانية الأوروبية المعتقدات غير الدينية.**

من خلال الفصل بين هذين الوجهين من العلمانية يمكن لعملية التحول الأوروبي أن تهمش النموذج الفرنسي من **اللائكية** إذا ظل هذا النموذج جامداً كما هو اليوم . ولكن لا يبدو أن هذا النموذج سيظل جامداً. بينما يدرج البناء الأوروبي النموذج الفرنسي ويحوله إلى مؤسسات من خلال سن القوانين والعلمنة فإن هذا البناء أيضاً يساهم في بروز الاعتراف بالتيار العلماني الإنساني كبديل محدد للأديان المختلفة. في بعض أوجه عملية التحول الأوروبي تقوم هذه العملية بتعزيز التصور البلجيكي للعلمانية كخيار فلسفي محدد، وهكذا، ومن بعض الوجوه فإن النموذج البلجيكي هو الذي ينتشر على المستوى الأوروبي. ورغم عودة الحياة لبعض التيارات **اللائكية الفرنسية** التي لا تثق في الأديان من وقت إلى آخر، وخاصة كردة فعل على المشاكل الطائفية والإسلام لكن الممارسات الفرنسية تصبح أكثر "أوروبية" من خلال التطور نحو العلمانية التي تشكل الاعتراف الاجتماعي بالأديان.

٢١١

في هذا العصر المفرط في حداثته لم يعد الأمر يتعلق بصدام مباشر بين السلطات الدينية والعلمانية في المجتمع بل إعادة تموضع المجالات السياسية والدينية في مجتمع مصاب بـ "خيبة الأمل". يتكلم يورغن هابرماس من ناحيته عن "**العلمنة في مجتمع ما بعد علماني**"؛ علينا هنا أن نسأل أنفسنا عما يحدث مع الدين في مجتمعات أوروبا ما بعد المسيحية ومع القناعات العلمانية في المجتمعات ما بعد العلمانية. الديني والعلماني كلاهما يتحركان اليوم ومن الضروري الآن أكثر من أي وقت مضى أن نكسر وهم وجود خط لا يمكن اختراقه بينهما. تدعونا العلمانية المفرطة في المجتمع المعاصر إلى إعادة التقويم لدور القناعات الدينية ومصادرها حتى لو كنا نتمسك بأن المنافع الأساسية في العلمانية هي الصالح العام والخير المشترك بين جميع المؤمنين وغير المؤمنين على حد سواء. من وجهة النظر هذه تبدو وجهات النظر الدينية والعلمانية نحو العالم كمصادر للقناعة والهوية والأخلاق يجب الاعتراف بدورها في توسعة مجال العيش المشترك.

أسهم فيه ٧٠ باحثاً .. تاريخ الإسلام والمسلمين فى فرنسا منذ العصور الوسطى(٢٧)

بوابة الحضارات

هاشم صالح .. باريس

٢٣ ديسمبر ٢٠١٧

كان المفكر الكبير محمد أركون قد أشرف على تأليف كتاب موسوعى يخص العلاقات بين فرنسا وعالم الإسلام منذ أقدم العصور حتى اليوم، وشارك فى تأليف هذا الكتاب الجماعى الضخم ما لا يقل عن سبعين باحثاً عربياً وأجنبياً. وصدر عن دار **"منشورات ألبان ميشيل"** فى

---

(٢٧) موقع جريدة الأهرام القاهرية — بوابة الحضارات — الرابط:

http://hadarat.ahram.org.eg/Articles/أدب/أسهم-فيه-٧٠-باحثا-تاريخ-الإسلام-والمسلمين-فى-فرنسا-منذ-العصور-الوسطى-١٦١١١٧

والوارد هنا مقتطفات وليس النص الكامل للمادة.

أكثر من ألف ومائتى صفحة من القطع الكبير. إنه كنز مليء بالمعلومات والتحليلات والإضاءات عن عالم العرب والإسلام وعلاقته بفرنسا. وفى هذه الظروف الحرجة التى تمر بها العلاقات بين الغرب كله من جهة، والعالم الإسلامى من جهة أخرى يُستحسن بنا أن نعود إلى هذا الكتاب القيم كمرجع أساسى لاستيضاح الأمور. هذا وقد حظى الكتاب بمقدمة قصيرة للمؤرخ الشهير جاك لوغوف، ومقدمة طويلة للبروفيسور أركون ذاته.

يقول جاك لوغوف فى مقدمته ما فحواه: **"ينبغى على فرنسا داخل إطار الاتحاد الأوروبى أن تدمج الجالية المسلمة فى أحضانها وتعطيها كل الحقوق. وينبغى عليها بشكل خاص أن تحترم كل ما فى تراث المسلمين يتماشى مع فلسفة الأنوار وقيم الحداثة الفرنسية"**. بمعنى آخر لا مكان للأصولية الدينية المتطرفة فى فرنسا العلمانية المتحررة. إذا ما أراد المسلمون أن يندمجوا فليتخلوا عنها، وليرتبطوا بأفضل ما أعطاه تراثهم إبان العصر الذهبى والذى كان أساس نهضة أوروبا ذاتها. هذا ما نفهمه من كلام المؤرخ الكبير. هذا الكلام كتبه جاك لوغوف قبل التفجيرات الخطيرة التى أدمت فرنسا عام ٢٠١٣ وما تلاه. وهى تفجيرات لم يتح له أن يشهدها لأنه مات قبلها.

أما محمد أركون الذى يعتبر أحد أهم المفكرين فى تاريخ الإسلام على مر العصور (حسب صحيفة **الشرق الأوسط**) فيقول لنا ما معناه: لكى نفهم الأمور بشكل صحيح فإنه ينبغى العلم بأن المسار التاريخى

لعالم الإسلام كان معاكساً للمسار التاريخى لفرنسا والعالم الأوروبى فى مجمله، فعندما كان الإسلام يعيش عصره الذهبى فى بغداد العباسية أو قرطبة الأندلسية كانت أوروبا تغط فى نوم عميق. كانت تعيش ظلاميتها الدينية وتكفّر العلم والفلسفة. وعندما استفاقت أوروبا فى عصر النهضة إبان القرن السادس عشر، بل وما قبله، كان العالم الإسلامى قد دخل فى عصر الانحطاط وأصبح هو الذى يغط فى نوم عميق.

وعن ذلك نتج سوء التفاهم ثم التصادم بين العالم الإسلامى والعالم الأوروبي. ولكن ماذا عن الإمبراطورية العثمانية التى حكمت العالم العربى طيلة أربعة قرون، من القرن السادس عشر حتى التاسع عشر؟ هل كانت نهضوية تنويرية؟ هذا السؤال يجيب عنه البروفسور أركون قائلاً: **"أبداً لا. إن حكمها يتزامن مع عصر الانحطاط ولا علاقة له بالعصر الذهبى للحضارة العربية الإسلامية".** صحيح أن العهد العثمانى شكل انبعاثاً لقوة الإمبراطورية الإسلامية على الأصعدة السياسية والإدارية والعسكرية والعمرانية/ لكنه لم يضف شيئاً جديداً على مستوى الفكر الفلسفى والعلمي، قياساً إلى العصر الذهبى للعرب، بل شكّل تراجعاً كبيراً عنه. وفى الوقت الذى كانت فيه أوروبا تخترع وتبدع على يد كوبرنيكوس وغاليليو وديكارت ونيوتن وكانط وهيغل وعشرات غيرهم كان شيوخ الإمبراطورية العثمانية يغطّون فى نوم عميق، ولم يشعروا بالفجوة الهائلة التى أخذت تُحفر بين أوروبا التنويرية والعالم الإسلامى إلا بعد فوات الأوان.

نستنتج من كل ذلك ما يلي: من هنا مسؤولية الإمبراطورية العثمانية عن تخلف العرب والمسلمين بمن فيهم إخوتنا الأتراك أنفسهم، وهى مسؤولية ضخمة. ولذلك فإن محاولة إعادة هيمنتها مجدداً على يد إردوغان من خلال ما يدعى بـ **"العثمنة الجديدة"** لا يمكن أن تلقى أى صدى لدى العرب لسبب بسيط: هو أنها كانت إمبراطورية انكشارية، قمعية، ظلامية، لا فلسفية ولا تحريرية ولا تنويرية. وبالتالى فالعرب يريدون نسيانها ككابوس مزعج، لا العودة إليها باشتياق. يضاف إلى ذلك أن تركيا إردوغان التى يهيمن عليها **"الإخوان المسلمون"** لا يمكن أن تكون قدوة لمصر — السيسي أو للعرب الذين يصْبون إلى **إسلام الأنوار** واستعادة العصر الذهبى مرة أخرى.

بمعنى آخر وبكلمة واحدة (تقول الصحيفة) إما **إسلام الأنوار**، وإما **إسلام الإخوان**. نقطة على السطر. أما إسلام العصر الذهبى وإما إسلام عصر الانحطاط. واللبيب من الإشارة يفهم ... هذا الموقف لا يعنى أى عداء تجاه الشعب التركى الكبير، فهو جارنا المباشر وأخ لنا. وإذا ما انتصر التيار الأنوارى التركى يوماً ما على التيار الإخوانى الحالى فسوف ينعكس ذلك علينا حتماً. أقول ذلك وأنا أعرف أنه توجد نخب ثقافية طليعية ومستنيرة فى تركيا. ولكنها مغلوب على أمرها حالياً. وإذا ما انتصر تيار التنوير العربى يوماً ما فسوف ينعكس ذلك على الأتراك أيضاً. مصيرنا مرتبط بعضه ببعض. كلنا فى الهوى سوا.

....

....

....

من الفصول الممتعة فى الكتاب، وما أكثرها، نذكر الفصل المطول الذى اتخذ العنوان التالى **"من الاستشراق إلى علم الإسلاميات"**، وهو من تأليف البروفسور دانييل ريغ المختص بالدراسات العربية والإسلامية، وفيه يتحدث لنا عن الوجه الجديد للاستشراق وعن تأسيس **مدرسة اللغات الشرقية** فى باريس وعن أوائل المستشرقين الكبار، وكان فى طليعتهم ريجيس بلاشير (١٩٠٠ – ١٩٧٣) الذى توصل إلى مرتبة الأستاذية فى **السوربون** عام ١٩٥٠ واحتل **كرسى اللغة والآداب العربية** فيها، ولكنه قدم أيضاً دراسات مهمة عن القرآن الكريم من بينها: **ترجمة القرآن، مدخل إلى القرآن**، ثم اشتهر بكتابه عن تاريخ الأدب العربى فى ثلاثة أجزاء. هذا، وقد كوّن بلاشير مجموعة من التلاميذ الذين سيصبحون لاحقاً أساتذة الأدب العربى من بعده، وفى طليعتهم يقف أندريه ميكل الذى تخرج على يديه عدد كبير من طلبة الدكتوراه العرب.

ولا ينبغى أن ننسى أعلام الاستشراق الفرنسى فى تلك الفترة من أمثال مكسيم رودنسون وجاك بيرك وشارل بيلا وروجيه أرنالديز وآخرين عديدين، وهؤلاء قدموا مؤلفات قيمة عن التراث الإسلامى والمجتمعات العربية، والعديد منها مترجم إلى اللغة العربية، ولا ينبغى أن ننسى فانسان مونتيل (١٩١٣ – ٢٠٠٥) الذى من كثرة انغماسه فى الدراسات العربية

والإسلامية عشق المنطقة وراح يعتنق الإسلام ديناً فى نهاية المطاف وأصبح اسمه فانسان — منصور مونتيل. ونحن مدينون له بترجمة **رسالة الغفران** إلى اللغة الفرنسية، ولو لم يفعل غيرها لكفاه ذلك فخراً؛ فهى إحدى روائع الأدب العربى على مر العصور ولا مثيل لها فى لغة الضاد، ومعلوم أنه نص صعب جداً من الناحية اللغوية — التركيبية، وربما ينبغى أن نترجمها إلى اللغة العربية الحديثة لا إلى اللغة الفرنسية فقط لكى يفهمها طلاب الثانوى والجامعى والجمهور العريض بشكل عام.

هناك فصول أخرى كان ينبغى أن تحظى باهتمامنا وفى طليعتها الفصل الذى يتخذ العنوان التالى "**الإسلام فى الفكر الفرنسى من عصر الأنوار إلى الجمهورية الثالثة**"، وقد كتبه البروفسور هنرى لورنس أستاذ التاريخ المعاصر للعالم العربى فى **الكوليج دو فرانس** (أعلى من السوربون).

ولا ننسى الخاتمة المطولة التى كتبها المفكر التونسى الراحل عبد الوهاب المؤدب، فهى تشكل شهادة من الطراز الأول على التكوين المعرفى المزدوج الذى تلقاه فى تونس أولاً وباريس ثانياً. إنه نتاج كلا التنويرين: التنوير العربى الإسلامي، والتنوير الفرنسى والأوروبي. من هنا إعجابه بابن عربى وابن رشد والجاحظ وابن المقفع والمعرى وبقية عباقرة العرب والإسلام من جهة، وإعجابه بدانتى ورابليه وفولتير وبقية عباقرة الفكر الأوروبى من جهة أخرى. أخيراً هناك فصول أخرى عديدة تستحق الذكر والاهتمام ولكن الوقت ضاق والمكان لا يتسع.

"سياسة الحجاب" الفرنسية التي تنفي الآخر[28]

١٣ مايو ٢٠١٠

لم تعد قضية الحجاب، في السنوات الأخيرة، في أوربا عموماً وفرنسا خصوصاً، تشغل فقط السياسيين ومجتمع الإعلام، بقدرة أجنحته اليمينية على التهويل وزرع فتيل الإسلاموفوبيا بين أوساط الناس، بل أصبحتْ كذلك قضية باحثين أنثروبولوجيين وعلماء اجتماع وتربية وفلاسفة، تمكنوا من تسليط تأمل أكاديمي هادئ على الموضوع، فاتحين

---

(28) موقع جريدة الحياة اللندنية — الرابط:

http://www.alhayat.com/article/51774/%D8%B3%D9
%8A%D8%A7%D8%B3%D8%A9-
%D8%A7%D9%84%D8%AD%D8%AC%D8%A7%D8%A8-
%D8%A7%D9%84%D9%81%D8%B1%D9%86%D8%B3%D9
%8A%D8%A9-%D8%A7%D9%84%D8%AA%D9%8A-
%D8%AA%D9%86%D9%81%D9%8A-
%D8%A7%D9%84%D8%A2%D8%AE%D8%B1

بذلك سبلاً لرؤية متشعبة، تنظر الى الموضوع في ضوء التعقد التاريخي والاجتماعي لظاهرة الهجرة، مع ما يقتضيه الحذر المنهجي من ضرورة تفادي السقوط في نزعة عنصرية مغرضة أو تبسيطية ساذجة. وفي هذا السياق، يندرج كتاب: **"سياسة الحجاب"**، للباحثة الأميركية جون ولاش سكوت، الذي صدر حديثاً عن **دار توبقال (٢٠١٠)**، في ترجمة موفقة للكاتبين المصطفى حسوني وحسن ازريزي.

تحلل الباحثة قرار الحكومة الفرنسية (٢٠٠٥) القاضي بمنع ارتداء (وحمل) **"الرموز المثيرة"**، التي تعبر عن الانتماء الديني في المدارس العمومية، فتتوقف عند الخلفيات السياسية للقرار — القانون، وعند الخطاب السياسي والإعلامي الذي واكبه وتفاعل معه، وهو يضيء الشريحة الاجتماعية والعرقية، التي استهدفها القرار، والمتجسدة، برأيها، تحديداً في المسلمات المرتديات للحجاب، على رغم انطباق القانون على الأطفال اليهود والسيخ وعلى كل مَن يحمل صليباً كبيراً. هذا الاستهداف الحصري الذي عبرتْ عنه خطابات مساجلة ومنافحة، هو ما جعل الباحثة تُمحور كتابها حول سؤال: **"لماذا الحجاب؟ وماذا يحمل الحجاب حتى يكون موضع خلاف ورمزاً لشيء لا يُحتَمل؟"**. إن أجوبة السياسيين، ومَن دعَّمهم مِن المنشَغلين بمجال البحث النسائي، تبقى برأيها بسيطة، ما دامتْ ترى فيه رمزاً لِقمع النساء ولِاصطدام يتجاوز بكثير كونه قطعة ثوب. إنها أجوبة، لا تضعنا، برأي الباحثة، أمام الصورة الحقيقية: **"ذلك أن ارتداء الحجاب ينحصر في طبقة محدودة من**

المسلمات في أوروبا، وتبقى الغالبية الساحقة مندمجة بطريقة أو أخرى في نظام القيم واللباس في الدول الغربية التي يقيمون بها. فالحجاب لا يعتبر العلامة البارزة المميزة التي ترتبط بديانة المُسلمين، ولا الطريقة الوحيدة التي يمكن من خلالها إعلان الهوية الدينية والسياسية".(ص١١)

تحذر الباحثة الأميركية كذلك مِن الانخداع بالأجوبة المستَنِدة إلى تعارضات تبسيطية، يقدمها أولئك الذين يمنعون الحجاب، من مثل: تقليدي مقابل حديث، وأصولي مقابل علماني، والكنيسة مقابل الدولة، والخصوصي مقابل الكلي أو العالمي، والجماعة مقابل الفرد، والتعدد الثقافي مقابل الوحدة الوطنية. إن هذه الثنائيات لا تعبر برأيها عن تعقيدات الإسلام ولا تعقيدات الغرب، وإنما تؤدي إلى سجال يخلق واقعاً خاصاً يتمثل في **"ثقافات غير متلائمة واصطدام حضارات"**.

وتتفق الباحثة مع جملة من الدراسات، التي تعتبر أن: **"الحجاب الإسلامي ليس تقليدياً، وإنما هو ظاهرة حديثة. وقد جاء نتيجة التبادل الثقافي والجيوسياسي، الذي يُعتَبر عالمياً في أبعاده الحالية"**، وهو ذاته رأي عالم الاجتماع الفرنسي أوليفيه روا، الذي يعتبر أن **"التدين الحالي للمرأة المسلمة في أوروبا كان بمثابة رد فعل يوازي البحث عن أشكال روحية جديدة في المحيط العلماني"**(ص١٢). وتضيف الباحثة أن الإسلام لا يرتبط بثقافة تمييزية تسم المرأة المهاجرة المقيمة حالياً

في أوروبا، لأنه دين "تاريخياً غير ممركز، بخلاف الكاثوليكية التي يوجد مقرها الرئيس في روما، ويجسد سلطتها شخص واحد. ويتم التعبير عن النظام الديني الإسلامي من خلال نقاش متواصل وتأويل مستمر".

إن تضخم الخطاب السياسي الفرنسي وانطواءه على مفرقات ورؤية أسطورية تجاه الذات وعنصرية تجاه الإسلام، هو ما دفع الباحثة إلى الاهتمام بالطريقة التي أصبح مِن خلالها "**الحجاب شاشة لعرض الصور الغربية وأوهام الخطر، خطر يمس صناعة المجتمع الفرنسي ومستقبل الأمة الجمهورية**"(ص ١٦). إنه خطاب يركز على مفهوم الأمة الموحدة، بقمع التمايزات الثقافية على نحو يؤدي إلى ميزة صورية للأفراد، وهو ما يتعارض مع منطق الديمقراطية وحقوق الانسان. وإذا كانت أميركا، برأي الباحثة، "**تسمح بتواجد العديد من الثقافات، وتسلم بشرعية تداخل الهويات (إيطالية ـ أميركية ـ وإيرلندية ـ أميركية، وإفريقية ـ أميركية ...)**"، فإن فرنسا تؤكد على أن تكون هذه متماثلة ومندمجة في ثقافة موحدة، وذلك باعتناق مشترك للغة والتاريخ، وكذا الإيديولوجيا السياسية. وتكمن سماتها المميزة في العلمانية والفردية، وهما متصلتان بحيث تسمحان للدولة بحماية مساواة الأفراد ضد الإدعاءات الدينية، وضد طلبات أي مجموعة أخرى"(ص١٧).

ينطلق الخطاب الفرنسي من معايير علمانية لاديموقراطية، ومن مفهوم مفترض لعالمية الفردانية الفرنسية، التي تفترض التشابه في حقوق كل الأفراد، ليس فقط من خلال "**القسم بالبيعة للأمة**"، ولكن أيضاً من خلال "**الاندماج ضمن معايير ثقافتها**" التي يُنظر إليها كمعايير مجردة، تفترض تماثلاً بين الأفراد في إطار العالمية، التي هي ليستْ شيئاً آخر غير "**سبل محسوسة تكمن في أن يصبح المرء فرنسيًا**". غير أن ما واجهته النساء وكذلك المنحدرون من شمال إفريقيا من تمييز عنصري، دفعهم اليوم إلى أن يطالبوا باعتبارهم مجموعة، بـ "**ضرورة التمتع بحقوقهم أو الاعتراف باختلافهم عن المعايير السائدة كأفراد**". إن هؤلاء يرون، برأي الباحثة، أن "**الوسيلة الوحيدة لمحاربة التمييز الذي يواجهون تكمن في التعامل مع دينهم بمقدار ما يتم التعامل به مع الديانة المسيحية واليهودية**"، ومهما كانت الخلافات في أوساط هؤلاء المسلمين، "**فهم كانوا متحدين كمجموعة تحدوهم رغبة في التعامل معهم على أنهم فرنسيين من دون التخلي عن اعتقاداتهم الدينية وروابطهم الطائفية أو التفريط في شكل من أشكال سلوكهم الذي تتحدد به هويتهم**"(ص١٩).

تمَّ رفض طلبات المسلمين خوفاً مِن إضعاف **اللائكية**، التي يرى المدافعون عنها أنها تشكل نسخة فرنسة خالصة لعلمانية "**غير قابلة للنقل أو الترجمة**". وإذا كانت العلمانية تحيل في أميركا على "**حماية الديانات من تدخل الدولة**، فإن اللائكية الفرنسية، تعني تحديداً "**فصل**

الكنيسة على الدولة، من خلال حماية الأفراد من ادعاءات الدين".
هذا الفهم، برأي الباحثة، هو الذي جعل الخطاب السياسي الفرنسي،
يرى إلى الحجاب كخرق للعلمانية الفرنسية، وبالتالي كعلامة على "لا
فرنسية" كل من يطبق مبادئ الإسلام. ولتكون الممارسة الدينية مقبولة،
"يجب أن يحصر الدين في إطار ما هو خاص من دون أن تصل إلى
الفضاء العمومي وبخاصة المدارس التي تعتبر المكان الذي بدأ فيه
تثبيت مُثُل الجمهورية"(ص٢٠).

هناك أسبابٌ متعددة، برأي الباحثة، دفعتْ بصاحب القرار
السياسي الفرنسي إلى الاهتمام بالحجاب، وإن كان السبب الأكثر تداولاً
في الخطاب السياسي، يرتبط بالرغبة في حماية مساواة النساء من النظام
الأبوي. وتتجاوز هذه الأسباب، برأي الباحثة، "حدود الدفاع عن
الحداثة مقابل التقليد أو العلمانية ضد انتهاكات الدين أو الجمهورية
ضد الارهاب"، تجاوزاً يحيل على تعقيد تلتمس الباحثة تفكيك عناصره
ومكوناته، في مجموعة من المواضيع مثل العنصرية والعلمانية والفرادنية
والعلاقات الجنسية. إن قانون الحجاب، يمثل مظهراً مِن رفض الخطاب
السياسي الفرنسي للآخر، الشيء الذي يترتب عنه تحويل هذا الآخر إلى
عدو، وبالتالي تقوية جوانب الصراع بين "الإسلام" و"الغرب". لقد أدى،
برأي الباحثة، "عدم التمييز بين الراديكالية السياسية التي تقوم دينياً
على أساس وجود أقلية، وبين الممارسة الدينية المألوفة لمعظم
الساكنة المسلمة التي تشكل الشتات إلى نفور وعزلة، بمَن فيهم

أولئك الذين لا يسعون إلى شيء سوى الرغبة في أن يصبحوا مواطنين داخل البلاد التي يعيشون بها".

تقدم الباحثة الأميركية المتخصصة في الشأن الفرنسي، جون ولاش سكوت، في كتابها المهم: "**سياسة الحجاب**"، دراسة مميزة للخطاب السياسي الفرنسي المتصل بموضوع الحجاب. وعبر محطات وبؤر نقدية وتحليلية متعددة، تذهب من الحاضر إلى التاريخ الاستعماري الفرنسي ومن **الثورة الفرنسية** إلى الواقع السياسي الراهن وما يطغى عليه من فوبيا الخوف على العلمانية من الاسلام، ومن الشارع والخطاب الصحافي والنسائي إلى مبادئ التربية الوطنية المؤطرة للمدرسة الفرنسية، لتفكك خلفيات قرار تجده عنصرياً ولاديموقراطياً، فضلاً عن خطورته الاجتماعية، التي تؤزم الوضع أكثر عوض أن تبحث له عن حلول تفاوضية، تبقى قائمة لِمن يحسن التدبير ويقدر العواقب السيئة للإقصاء.

اللائكية الفرنسية بين النظرية والتطبيق[29]

موقع دويتشه فيلله

٢٠٠٦ / ٣ / ١٦

ترتكز معظم نظم الحكم في أوروبا على مبدأ الفصل بين الدولة والدين. وتعد فرنسا الدولة الأولى في تطبيق هذا الفصل من خلال نموذجها **اللائكي**. لكن بالرغم من ذلك يبقي للدين دوره الاجتماعي في تنظيم العلاقة بين الأفراد والدولة.

أظهرت **أزمة الرسوم الكاريكاتورية** تبايناً في آلية تنظيم العلاقة بين الدين والدولة في كل من العالم الإسلامي وأوروبا، وذلك بعد أن ارتفعت بعض الأصوات مطالبة بتدخل الحكومات الأوروبية للحد من

---

(٢٩) موقع دويتشه فيلله – الرابط:

http://p.dw.com/p/879i

حرية الصحافة عندما يتعلق الأمر بالتعدي على الرموز الدينية. إذ لم ينتبه المحتجون إلى أن دساتير معظم الدول الأوروبية لا تحمي حرية الصحافة فحسب، وإنما تفصل بين الدين والدولة أيضاً. ويعد النموذج الفرنسي مثال جلي على ذلك. فقبل حوالي مائة عام وتحديداً في التاسع من شهر كانون الأول/ ديسمبر ١٩٠٥ أعلنت فرنسا رسمياً فصل الكنيسة عن الدولة، أو بالأحرى فصل الدين عن الدولة. وبعد مناقشات حادة وافق البرلمان الفرنسي على هذا القانون، الذي أنهى قرناً من الصراع الثقافي في فرنسا.

ويعد هذا القانون بمثابة حجر الأساس الذي تقوم "**اللائكية**" الفرنسية، أي إبعاد الكنيسة وغيرها من المؤسسات الدينية من ممارسة أي سلطة سياسية أو إدارية في الدولة. كما أن **اللائكية الفرنسية** كانت نموذجاً صالحاً للتصدير في عشرينيات القرن المنصرم، حيث تبناه كمال أتاتورك عند إعلانه لقيام الجمهورية في تركيا. أما في وقتنا الحالي فيلعب هذا القانون دوراً كبيراً في قضية اندماج المهاجرين المسلمين في المجتمع الفرنسي، حيث يتم عن طريقه تبرير منع الفتيات ارتداء الحجاب في المدارس الفرنسية، على سبيل المثال.

ضربة في الصميم

تلقت الكنيسة الكاثوليكية عام ١٩٠٥ ضربة في الصميم بعد إعلان فرنسا لقانون فصل الدين عن الدولة. وثارت ثائرة بابا الفاتيكان

آنذاك، أما المتدينين الكاثوليك فقد احتجوا بشدة على ذلك. فلقد كان لهذا القانون تبعات جسيمة، تمثلت في وقف تقديم الدعم المادي للكنسية ومنع تدريس الأديان في المدارس الحكومية وإبعاد الكنيسة عن كافة نواحي الحياة العامة. وحتى اليوم لا يُسمح لأرباب العمل في فرنسا سؤال العاملين لديهم عن ديانتهم. أما الحكومة الفرنسية فلا تعرف على وجه التحديد عدد الكاثوليك أو البروتستانت أو المسلمين المقيمين في فرنسا.

لكن لهذا المبدأ الجمهوري حدود لا ينبغي تجاوزها كما يقول البروفسور هينريك اوترفيده من **المعهد الألماني – الفرنسي** في لودفيغسبورغ: "ينطوي القانون الصادر عام ١٩٠٥ ومفهوم اللائكية **على حق متأصل. وينص هذا الحق على أن تلتزم الدولة بالحياد التام تجاه كافة الأديان. لكن الفجوة متسعة بين القانون وتطبيقه على أرض الواقع. ويبدو ذلك واضحاً، إذا نظرنا إلى طريقة تعاطي الدولة مع الدين الإسلامي ومعتنقيه**".

اللائكية والإسلام

يقدر عدد المسلمين المقيمين في فرنسا بأربعة مليون مواطن يشكلون أكبر جالية إسلامية في القارة الأوربية. ويصعب على بعض المسلمين المقيمين في فرنسا تفهم مبدأ فصل الدين عن الدولة. ولعل سبب ذلك يكمن في تشابك العلاقة بين الدين والدولة في المجتمعات الإسلامية، وكما تقول هانانه هارات من **جامعة السوربون** الفرنسية: "إذا أخذنا

النص القرآني والتاريخ الإسلامي بعين الاعتبار فسوف نلاحظ أن **الإسلام لا يفصل بين الدين والدولة".** وكان لذلك أثر جلي في النزاع الذي دام لسنوات حول ارتداء الحجاب في المدارس الفرنسية. وبدأ النقاش حول هذه القضية قبل ١٥ عاماً بعد منع فتاتين في مدينة سرابل الشمالية من الدراسة بسبب ارتدائهما للحجاب. ولأن المدرسة مؤسسة تتمتع بالحياد الديني وتهدف إلى نشر المبادئ الجمهورية فقط، لم يستطيع مدير المدرسة في مدينة سيريل تقبل فكرة ارتداء تلميذات للحجاب في مدرسته. وتبنى هذا الموقف عدد كبير من مديري المدارس الأخرى. وبعد سنوات طويلة من الجدال والنقاش كلف الرئيس الفرنسي جاك شيراك لجنة محايدة بالبحث عن حل لهذه الأزمة.

وأوصت اللجنة بمنع الحجاب. وفي ذلك الحين كان على الدولة أن تعمل على الحد من تنامي قوى الجماعات المتطرفة في فرنسا، فلقد شهد المجتمع الفرنسي في السنوات الأخيرة **"تصرفات لا يمكن أن التسامح معها. وقوى تعمل علناً على زعزعة الاستقرار في الجمهورية الفرنسية. وكان الوقت قد حان لكي تدافع الجمهورية عن نفسها"،** كما يقول رئيس اللجنة برناد ستاذي.

الاندماج في ظل اللائكية

ومنذ أيلول/ سبتمبر ٢٠٠٤ يُمنع ارتداء الحجاب وغيره من الرموز الدينية كالصليب وغطاء الرأس اليهودي (الكيبا) في المدارس الحكومية

الفرنسية. ومن تخالف هذا التشريع فعليها أن تواجه في أسوء الظروف الطرد من المدرسة. وبينما يرى مناصرو قانون منع الحجاب في ذلك انتصاراً للجمهورية الفرنسية، يرى في هذا القانون أب مسلم لابنتين دليلاً على قهر الدولة للمواطن، إذ يقول بغضب: **"يتم في فرنسا منع الفتيات من الدراسة بسبب مظهرهن. وعليه فإن الأمر لا يتعلق بالرموز الدينية كما يدّعون. لقد تم منع ابنتي لأن اسميهما خلود ودنيا، وليس لأنهما ترديان الحجاب"**.

لقد انتهت الزوبعة التي أثارها قرار منع الحجاب في البداية. فالجزء الأكبر من الطالبات والمنظمات الإسلامية المعتدلة في فرنسا يلتزمن بالقواعد الجديدة عن اقتناع. لكن منتقدو القانون يتشككون في قدرة مثل هذه القوانين في العمل على تماسك المجتمع. وهذا ما أظهرته أحداث العنف الأخيرة، التي شهدتها ضواحي المدن الفرنسية في العام الماضي، والتي أظهرت أيضاً عدم قدرة عدد كبير من المسلمين الشبان على الاندماج في المجتمع الفرنسي.

أوليفييه روا: الإسلام والعلمانية... أي استثناء فرنسي؟(٣٠)

جريدة الأخبار

ريتا فرج

٢٢/ ٢/ ٢٠١٦

تعتبر جدلية الإسلام والعلمانية إحدى أبرز القضايا المطروحة اليوم على الساحة الفرنسية. وعلى الرغم من أنها ليست عاملاً طارئاً فقد عادت إلى دائرة الضوء في العديد من الأوساط الثقافية والسياسية الفرنسية.

---

(٣٠) نقلاً عن موقع قناة المنار الفضائية — الرابط:

http://archive.almanar.com.lb/article.php?id=1431846

يُعد "الإسلام والعلمانية" ("دار الساقي" – ترجمة: صالح الأشمر) للباحث الفرنسي أوليفييه روا المتخصص في الشؤون الإسلامية من الكتب الريادية. صدر بالفرنسية عام ٢٠٠٥ تحت عنوان (la laïcité face à l'islam). يعالج صاحب "تجربة الإسلام السياسي" الإشكاليات التالية: هل يشكل الإسلام تهديداً للعلمانية، أم أن الهوية الفرنسية بلغت من التأزم حدّ أن بضع مئات من الفتيات المحجبات والدُّعاة الملتحين يمكنهم القضاء عليها؟

هل يعتمد النقاش حول الإسلام على المكان الذي يحتله الدين في مجتمعنا، أو أن الإسلام، على الرغم من مظاهر الاستمرار، هو كما يُدرك اليوم دينٌ جديد مختلف ينطوي على تهديد نوعيّ؟ في هذه الحالة، هل يرجع ذلك إلى نوعية اللاهوت المسلم، أم مردُّه، على نحو أكثر اتساعاً، إلى حقيقة أن الإسلام هو دين المهاجرين؟ هل أسهمت المسيحية في إرساء النظام العلماني والسياسي الحالي، حتى وإن وضعت الكنيسة على الهامش، في حين أن الإسلام ممتنع جوهرياً على كل أشكال العلمانية، لا بل الدَّنْيَوة؟

يستخدم روا مفهومين ليسا مترادفين: الدَّنْيَوة والعلمانية. يفسر **"الدَّنْيَوة"** (sécularisation) بوصفها **"ظاهرة اجتماعية لا تتطلب أي استخدام سياسي: وذلك عندما يكفّ الديني عن احتلال مكان المركز في حياة البشر، حتى وإن استمروا في وصف أنفسهم بالمؤمنين. كما أن ممارسات الناس والمعنى الذي يضفونه على**

العالم، لا تحمل سمة التسامي والديني. وأعلى مراحل الدَّنْيَوة هي زوال الدين، ولكن بلُطف (...) غير أن الدَّنْيَوة ليست ضد الديني أو الأكليروس (...) أما العلمانية، في المقابل، فهي صريحة: إنها خيار سياسي يحدّد بأسلوب سلطوي وقانوني مكان الديني" دون أن "تنبذ الديني بالضرورة في القطاع الخاص، خلافاً ما تفيد به أسطورة شائعة؛ والأحرى أنها تُعيّن، وإذاً تحدّد، بكل معاني الكلمة، إمكان رؤية الديني في المجال العام".

يتحقق الكاتب من فرضية رئيسة شكلت عماد أطروحته: المشكلة ليست في الإسلام بقدر ما هي في الأشكال المعاصرة لعودة الديني. أعادنا هذا الطرح إلى الأفكار التي تناولتها دراسات "ما بعد العلمانية"؛ وهي اتجاه فلسفي غربي يأخذ في الاعتبار الحيوية المتواصلة للدين وقدرته على اجتذاب قطاعات من الجماهير في كل مكان حتى في الغرب الذي ظن مفكروه أنه هُزم بلا عودة على يد التنويريين والحداثيين. هذه العودة دفعت الألماني يورغن هابرماس خلال محاضرات ونقاشات طُرحت في حدث أكاديمي بارز عام ٢٠٠٩ في مدينة نيويورك، لإجراء مراجعة نقدية لمقولاته السابقة، حين قدم فرضيات مضادة للدين، ولم يبدِ اهتماماً كافياً به.

وفي خلاصاته الجديدة ثمة اعتراف منه بحقيقة أن الدين لم يذبل تحت ضغوط التحديث. (راجع: **قوة الدين في المجال العام**، هابرماس

وآخرون، **مركز دراسات فلسفة الدين** بغداد، **دار التنوير، ٢٠١٣).** يساجل روا المقولات التي ترى أن ثمة تعارضاً بنيوياً بين الإسلام والعلمانية، ساعياً إلى تبيان لِمَ لا يوجد ذلك التعارض في الأديان الأخرى. يُخلص إلى نتيجة معاكسة: **"لا يوجد دين علماني بين الأديان التوحيدية المُنزلة (...) والفكرة القائلة بأن الدين لا يمكن أن يقتصر على المجال الخاص مشتركة في الأديان الكبرى كافة".**

يكتسب التحليل حول **العلمانية الفرنسية والإسلام** جاذبية استثنائية. لا يتوانى صاحب **"عولمة الإسلام"** عن انتقاد الأطر المرجعية التي تنهض عليها إيديولوجيات اليمين في فرنسا التي تنظر إلى الإسلام كدين **"جوهراني"** (لا زمني وثابت) غير قابل للاندماج في قيم الحداثة.

لا يهدف من هذا النقد إلى الانخراط في جدال مضاد، إنما يعمل على اظهار بحالات استعمال كلمة العلمانية في فرنسا: العلمانية كفلسفة، العلمانية كنتيجة للقانون، العلمانية كمبدأ أساسي. وإذ يشدد على اللغة المزدوجة لدى بعض النخب الثقافية الفرنسية، يلاحظ أن مساءلة الإسلام على مستوى العقيدة، كدين معادٍ للعلمانية، في حين تعتبر العقيدة المسيحية متلائمة معها، لا تحظى بالصوابية اللازمة على اعتبار أن تلاؤم اللاهوتي من قبل دين ما مع العلمانية لا مبرر لطرحه.

يحدد الكاتب بمجموعة مسارات تميط اللثام عن عدم انخراط الكنيسة الكاثوليكية في **العلمانية الفرنسية**، مستحضراً الآراء التي تحثّ

"الإسلام المهاجر" على تقديم ضمانات لانتاج "إسلام فرنسي"، ليبرالي، وعلماني. وتحت وطأة "الإغراء اللاهوتي" تتبلور أشكال جديدة من التدين، ليست كلها مرتبطة بالإسلام: يهودية وإنجيلية بروتستانتية، تحاول جذب الجمهور وتضع الإيمان الديني في المرتبة الأولى. ولعل النتيجة الأهم التي يصل إليها روا — إلى جانب وهم التوافق — حجب الشأن الاجتماعي في الضواحي، وتوظيف العلمانية لتجنب النقاش في الشأن الاقتصادي، وهو تقليد قديم للديمقراطية — الاجتماعية الفرنسية. يرفض الكاتب — إذن — التوجهات التي تعيد أزمة الضواحي إلى الواقع الديني، أي الإسلام.

إن الآراء الفرنسية — وكذلك العربية — الداعية إلى تفعيل الإصلاح في الإسلام بغية التوافق مع العلمانية، لا تلقى تأييداً من قبل الكاتب؛ فالأمر عنده لا يرتبط بنزعة إصلاحية، لاهوتية، بقدر التكيّف العملي الذي يؤول إلى قبول الدَّنْيَوة عبر الممارسة الحسية للمسلمين.

عرف الإسلام التاريخي الدَّنْيَوة، سياسياً واجتماعياً، فجميع السلطات — على ما يرى الكاتب — كانت دنيوية بمعنى أنها لم تكن معيّنة من الديني. يذهب محمد أركون إلى أن الإسلام في ذاته ليس منغلقاً في وجه العلمانية. فقد شهدت المجتمعات الإسلامية تجارب علمانية شهيرة عبر التاريخ.

عالج المعتزلة — مثلاً — مسائل فكرية أساسية انطلاقاً من ثقافتهم المزدوجة المرتكزة إلى الوحي الإسلامي والفكر اليوناني، واستطاعوا إدخال مسائل لها أبعاد ثقافية ولغوية مغايرة للسائد عند طرحهم مسألة "**خلق القرآن**"، وعند اعترافهم بمسؤولية العقل ودوره في فهم النص القرآني وامتلاكه. بيد أنّ هذا التيّار "**العلماني**" تمت مواجهته من قبل الاتجاه الأشعري الممثل يومها للسياسة الرسمية للدولة. (راجع: **منزلة العلمانيّة في فكر محمد أركون ودورها في بناء الفكر الإسلامي المعاصر، البشير الحاجي، موقع مؤمنون بلا حدود**).

يرصد الكاتب أشكال التدين الجديدة — الأفضل تكيفاً مع العولمة — في الغرب الذي عرف منذ عشرين سنة ما سُمِّي بـ: "**عودة الديني**"، من دون أن يؤدي ذلك إلى زيادة الممارسة الدينية وخصوصاً ظهور أشكال "**تمامية**" للتديُّن. أشكال التدين هذه درسها روا في "**الجهل المقدّس: زمن دين بلا ثقافة**" (**دار الساقي**، ٢٠١٢) حيث حلَّل التحولات التي تشهدها الأديان الكبرى في العالم، بدءاً بالهوية والعرق والإقليم والتهجين، وصولاً إلى مشاكلة دينية عابرة للقوميات. تمظهرت أشكال التدين بصور مختلفة لدى الديانات التوحيدية (استقطابات دينية/ هوياتية، وتسييس منهجي للديني) وتنامت تحت ضغط العولمة، وهي تساهم في تراجع الاتجاه الثقافي للدين على عكس المؤسسات الدينية التقليدية، وثيقة الصلة بالدولة — الأمة والثقافات المحلية.

يكتسب "الإسلام والعلمانية" أهميته الراهنة من معطيين: العودة الدورية لأسئلة الإسلام ومدى توافقه مع قيم الجمهورية الفرنسية؛ وتقديم مقاربة علمية تتجاوز التحليلات التقليدية المعتادة.

في كتاب "إسبانيا التي تصلي لله": مشاكل الجالية المسلمة هي الأقل على صعيد أوروبا[31]

د. حسين مجدوبي

May 14, 2016

نشر الصحافي المتخصص في الشأن المغاربي إغناسيو سيمبريرو كتاباً بعنوان: "**إسبانيا التي تصلي لله**" يعالج فيه قضايا تهم الجالية المسلمة في هذا البلد الأوروبي وتمتد من ملفات دينية مثل: بناء المساجد وارتفاع نسبة المسلمين إلى قضايا شائكة بين المغرب وإسبانيا مثل الصحراء والانفصال في كتالونيا.

---

(31) موقع جريدة القدس العربي اللندنية — الرابط:

http://www.alquds.co.uk/?p=533867

وتعتبر إسبانيا دولة استثنائية في علاقتها بالإسلام مقارنة مع باقي الدول الأوروبية والغربية عموماً، فقد كانت مسرحاً لسلطة إسلامية امتدت ثمانية قرون وتركت بصمات لا تمحى في المخيال والحياة الواقعية للإسبان. وهذا من ضمن الزوايا التي تؤطر كتاب سيمبريرو، فإلى جانب العنوان الرئيسي للغلاف هناك عنوان مكمل عبارة عن جملة ذات دلالة ويقول: **"خمسة قرون بعد حروب الاسترداد، عاد المسلمون. عددهم الآن مليونين ويرتفع"**.

وفي أدبيات الهجرة في اسبانيا يستعمل عدد من الباحثين تعبير: **"عودة المسلمين"** أو **"عودة الموريسكيين"**، في إشارة إلى الهجرة العربية والمغاربية أساساً، بينما يستعمل باقي الخبراء في أوروبا تعبير **"هجرة المسلمين"**.

ويستعرض الكتاب نسبة المسلمين في إسبانيا الذين غالبيتهم من المغاربة، وتقدر وفق الإحصائيات الرسمية ٤ ٪ من سكان البلاد البالغ عددهم ٤٦ مليوناً. ويتكهن بارتفاع هذه النسبة لتصبح الجالية المسلمة أكبر عدداً وفي مستوى جاليات مسلمة في دول مثل ألمانيا وفرنسا وبريطانيا. ويقدم إحصائيات تبرز تطور الجالية المسلمة المكونة من إسبان اعتنقوا الديانة الإسلامية ومهاجرين أصبحوا إسباناً بفضل اكتساب الجنسية ثم المهاجرين المقيمين المسلمين. ويجعل إقليم كاتالونيا على رأس الأقاليم التي تضم أكبر نسبة من المسلمين يليه إقليم الأندلس ثم مدريد وبلنسية.

وهنا يطرح الكاتب تساؤلاً عريضاً: هل ستواجه الجالية المسلمة في إسبانيا مستقبلاً المشاكل نفسها التي تواجهها جاليات باقي الدول الأوروبية؟ ويجعل هذا التساؤل محورياً في تحليله لوضع وواقع هذه الجالية.

وفي فصل بعنوان: **"ما هو قانوني في بلد غير قانوني في أوروبا"** يتطرق إلى مشكل رئيسية من المشاكل التي تحضر في وسائل الإعلام بقوة بين الحين والآخر ويهتم بها المجتمع الإسباني، وتتجلى في رغبة بعض العائلات المسلمة في تزويج بناتهن القاصرات تطبيقاً لتقاليد بلادهن. وأعطى مثالاً فتاة موريتانية قاصر تزوجت سنة ٢٠٠٦ تحت ضغط عائلتها بقريب منها ليتم اعتقال الجميع بتهمة تزويج قاصر. وترتب عن هذا الحادث نقاش شائك وسط إسبانيا بل وامتد إلى العلاقات الإسبانية — الموريتانية. ويرى الكاتب أن جهل الكثير من المسلمين بقوانين البلد المحتضن لهم، وهو في هذه الحالة إسبانيا، يجعلهم عند محاولة الاستمرار في التشبث بتقاليدهم يسقطون في فخ خرق القانون بدون وعي مثل رغبة البعض في تعدد الزوجات، مما يترتب على هذا مآسي حقيقية.

ولا يقتصر الكتاب على معالجة تقاليد الجالية المسلمة وسط مجتمع غربي مثل الاسباني، بل ينتقل إلى أبعاد أخرى منها السيطرة على الشأن الإسلامي في هذا البلد الأوروبي وكذلك الدور السياسي للجالية المسلمة ومنها المغربية.

ويطرح دور الجالية المسلمة، وعلى رأسها المغربية، الأكثر نشاطاً سياسياً فيما تعرفه كتالونيا من مخاض سياسي نحو الاستقلال. ويستقي الكتاب آراء مختلفة حول الموقف السياسي للجالية ومدى مطابقته للموقف المغربي من انفصال الإقليم. وينقل عن البعض رغبة المغرب في انفصال الإقليم ولكن على المدى البعيد وليس في الوقت الراهن لتفادي انعكاساته الحالية على نزاع الصحراء الغربية. وتذهب آراء أخرى إلى نفي دور المغرب والتركيز على انخراط الجالية المسلمة — المغربية في تأكيد استقلال كتالونيا لتعاطفهم مع المشروع السياسي.

ويخصص حيزاً هاماً لقرار المخابرات الاسبانية طرد ناشط إسلامي مغربي في كتالونيا هو نور الدين زياني بعدما شككت في حشده دعم المساجد للتصويت لصالح انفصال الإقليم. وهذا الحادث يبرز قلق المؤسسات الإسبانية من الدور الذي يمكن أن تلعبه الجالية الإسلامية، وخصوصاً المغربية في القضايا السياسية.

وعلاقة بهذا، يطرح الكتاب التهميش الذي تعيشه الجالية المسلمة وينسبه إلى ضعف النخبة التي قد تشكل الريادة مقارنة مع الجاليات الإسلامية في باقي دول أوروبا، حيث استطاع أفراد تبوؤ مراكز قرار في وزارات ومؤسسات متعددة. ولكن الكتاب يتضمن آراء نشطاء الهجرة الذين يتهمون الدولة الإسلامية بتهميش المهاجرين وخاصة المغاربة خوفاً من تحولهم إلى طابور خامس يخدم مصالح المغرب.

ومن ضمن العراقيل التي يواجهها المسلمون الشروط للحصول على الجنسية الاسبانية التي تنص على قضاء عشر سنوات في هذا البلد الأوروبي دون انقطاع، وهي مدة زمنية طويلة مقارنة مع دول أخرى مثل بلجيكا وبريطانيا. ويلقي الكتاب الضوء على عدم استفادة الجالية من الكثير من الحقوق التي يضمنها لها الدستور، ومرد هذا إلى ضعف النخبة والتنظيم.

ضعف التنظيم يظهر في مناسبات هامة مثل عدم تحرك الجالية المسلمة للتنديد بالإرهاب من خلال تنظيم تظاهرات عند وقوع اعتداءات. ولكنه يرى أنه منذ تفجيرات باريس تشرين الثاني/ نوفمبر ٢٠١٥، بدأ مسلمو إسبانيا يتجاوزون هذا الوضع وينتظمون للتعبير عن رفضهم للإرهاب.

ويعتبر الكاتب معاداة الإسلام والمسلمين ظاهرة محدودة في إسبانيا مقارنة مع باقي الدول الأوروبية مثل فرنسا وهولندا. وهو يلتقي في هذا مع عدد من الدراسات قام بها حتى نشطاء الهجرة من الجالية المسلمة. ومن عناوين ضعف هذه الظاهرة، عدم رد فعل من طرف المجتمع الاسباني بعد الانفجارات الإرهابية ١١ آذار/ مارس ٢٠٠٤ التي خلفت مقتل ١٩١ شخصاً في مدريد. وفي الوقت ذاته، عدم استجابة الإسبان لبرامج الحركات اليمينية المتطرفة التي حاولت تأسيس أحزاب على شاكلة **الجبهة الوطنية** الفرنسية.

ومن ضمن الفصول البارزة في الكتاب فصل عن الصراع القائم حول السيطرة على تسيير الشأن الديني بين دول وجماعات. ومن هذه الدول السلطات الاسبانية نفسها ثم المغرب والسعودية وإيران وجماعات مثل **العدل والإحسان**. وهذه هي الجهات التي تتقاسم تسيير المؤسسات الإسلامية من مساجد وجمعيات. ويركز على الصراع بين **فيدرالية الجمعيات الإسلامية** التي كان يتحكم فيها المغرب وسيطرت عليها **جماعة العدل والإحسان**، و**اتحاد الهيئات الإسلامية الاسبانية** التي تحظى بدعم قوي من طرف الدولة الإسبانية. ووسط هذا الصراع المتعدد، يبرز سيمبريرو أن نسبة هامة من الجالية المسلمة تمارس شعائرها بدون استقطاب من طرف هذه الجهة أو أخرى.

ويحلل الكتاب وثيقة صادرة عن المخابرات الاسبانية يوم ١٦ ايار/ مايو ٢٠١١ تنبه الدولة إلى الصراع القائم بين مجموعة من الدول وهي السعودية والكويت وقطر وليبيا والمغرب لبناء مساجد والسيطرة عليها. وتبرز الوثيقة نوعية الإسلام الذي ستحمله الدولة التي ستبني المساجد، في إشارة إلى الوهابية من طرف السعودية والإسلام السياسي كورقة ضغط من طرف المغرب مستقبلاً. وتنبه الوثيقة إلى العلاقات التي نسجها نشطاء إسلاميون مع دول خليجية، حيث يتلقون أموالاً توظف في إقامة تجمعات إسلامية صغيرة وسط المجتمع الإسباني وعلى هامش الجالية الإسلامية وتكون مصدراً للتطرف.

ومن المظاهر الأخرى لهذا الصراع تأسيس إيران قناة تلفزيونية موجهة إلى الجالية الإسلامية في اسبانيا والناطقين بلغة سيرفانتيس، ورهان السعودية على قناة مماثلة موجهة إلى الفئة نفسها والتباري في تعليم اللغة العربية وتدريس الدين الإسلامي.

ووسط هذا الصراع، لا يخفي الكتاب القلق المتزايد لدى الدولة الإسبانية من تطرف بعض أفراد الجالية المسلمة في إسبانيا، وتأتي بعد جالية فرنسا بشأن اعتقالات المتطرفين في صفوفها. ويقدم أرقاماً حول التطرف، إذ صنفت وزارة الداخلية ٩٨ مسجداً في إسبانيا كمساجد تنشر التطرف و ٥٠ ٪ منها في إقليم كتالونيا وحده.

وينتهي الكتاب بمعالجة العلمانية في المجتمعات الغربية، ومنها إسبانيا، وكيف يمكنها التأثير على مطالب وحقوق وتقاليد المسلمين في هذا البلد الأوروبي. ويستشهد بتصريحات خبراء ينبهون إلى ضرورة عدم تقليد النموذج العلماني الفرنسي في وقت بدأت فرنسا نفسها تتخلى تدريجيا عن بعض جوانبه لما يسببه من توتر مع الجالية المسلمة. وفي الوقت نفسه، يؤكدون أن الإندماج الحقيقي الذي هو الفصل بين الهوية المدنية والدينية سيأتي من إصلاح الفكر الإسلامي نفسه وبنفسه وليس تقليدا للآخرين، وهذا سيتطلب زمناً وتضحية كما حدث في الغرب.

أهمية الكتاب تتجلى في شخصية كاتبه، فهو صحافي يغطي العالم العربي وخاصة المغرب العربي منذ عقود في جريدة "الباييس" سابقاً

ثم جريدة "**الموندو**" لفترة محدودة. وفي الوقت ذاته، قام خلال تحرير الكتاب بعقد لقاءات وحوارات مع عشرات من زعماء الجالية الإسلامية ومثقفين وناشطين في اسبانيا. ولم يؤلف الكتاب من زاوية المبالغة من الخطر الإسلامي على إسبانيا بل كرؤية عادية لجالية تبحث عن موقع ثقافي وسياسي واقتصادي في النسيج الإسباني العام.

"La Esfera La España de Alá": Ignacio Cembrero
de Los Libros, 2016
Attachments area
pages 386

العلمانية على الطريقة الساركوزية!(^{٣٢})

٢٦ حزيران/ يونيو ٢٠٠٩

هل حقاً موقف الرئيس الفرنسي في الخطاب الذي ألقاه أمام **مجلسي النواب والشيوخ** في قصر فرساي والمتضمن إنشاء لجنة برلمانية من شأنها للبت في أن مسألة وضع البرقع من قبل النساء المسلمات في فرنسا ليست مشكلة دينية؟ وهل هي بحق كما يدعي الرئيس الفرنسي مشكلة تتعلق بالحرية وبكرامة المرأة، وإن البرقع ليس سمة دينية بل هو

(^{٣٢}) موقع جريدة الغد الأردنية – الرابط:

http://alghad.com/articles/540483-
%D8%A7%D9%84%D8%B9%D9%84%D9%85%D8%A7%D9
%86%D9%8A%D8%A9-%D8%B9%D9%84%D9%89-
%D8%A7%D9%84%D8%B7%D8%B1%D9%8A%D9%82%D8
%A9-
%D8%A7%D9%84%D8%B3%D8%B1%D9%83%D9%88%D8
%B2%D9%8A%D8%A9!

رمز الحط من قيمة المرأة وبالتالي فإنه غير مرحب بالبرقع في الأراضي الفرنسية؟

ولكن من الواضح أن وراء الأكمة ما وراءها؛ فهي تعيد إلى الأذهان الجدل الذي دار منذ عدة سنوات حول علمانية الدولة في فرنسا، وحول مشكلة الحجاب في المدارس الرسمية التي أثارت جدلاً حامياً بين الفرنسيين وغيرهم في أصقاع المعمورة، ودفعت الفرنسيين تحديداً إلى معاودة البحث عن معاني العلمانية وموقفها من الدين، ومن قضية حرية الاعتقاد وحدود الحريات الشخصية، وذلك بالعودة إلى قراءة القانون المعروف بقانون ١٩٠٥، والذي ينص في بنده الأول: **"إن الجمهورية تضمن حرية الاعتقاد، وإنها تمكن من حرية ممارسة العبادة للديانات، من دون أن تتبنى الجمهورية أي عملية تمويل أو تتحمل أعباء العاملين في المراكز الدينية"**.

وعلى هذا القانون، ارتكزت **العلمانية الفرنسية** لتؤسّس مجتمعاً مدنياً قوياً، ولكن سرعان ما بانت علامات الضعف عليه، وبدا أنه غير قادر على مواجهة ظاهرة الحجاب الإسلامي، ما أدى إلى انشطار المجتمع الفرنسي بين مؤيد ومعارض لهذه الظاهرة، وآخر منادٍ بضرورة تطويقها وإصدار قانون بحظرها.

ومن الواضح أن المدرسة العلمانية ادعت لنفسها القيام بمهمة مقدسة، وهي حماية الفتاة من الضغوط التي تمارس عليها – في نظرها –

من قبل والديها، أو أن تحرّرها من ضغط البيئة التي تعيش فيها. وبعبارة أخرى، أخذت العلمانية على نفسها — كما تدعي — مهمة حماية الفتاة والذود عن خيارها الشخصي في أن لا ترتدي الحجاب، سابقا والبرقع لاحقاً.

وهنا تصبح مسألة الدفاع عن الحجاب هي من صميم الدفاع عن مبدأ الحريات الشخصية، وليس مجرد دفاع عن دين أو معتقد، لذلك يصف مناصرو الحجاب في المدارس خصومهم بأنهم آيات الله العلمانية، أي أنهم أوصياء على تفسير النصوص العلمانية وتأويلها، بينما يصف مناهضو الحجاب في المدارس خصومهم بأنهم يخدمون أهداف الأصوليين، ويعملون على زرع التفرقة في المدارسة العلمانية بحجّة الحريات الشخصية.

وهكذا حوصرت الحرية الشخصية بين رؤيتين تعتَبران أن العلمانية هي حجّتهما في معركتها، ودرعهما الذي تحتميان به.

ثم يأتي الرئيس سركوزي ليحيي العلمانية على طريقته الخاصة التي تعني أيضا أن الدولة ستعترف رسميا بدين الأغلبية، وفي هذه الحالة ماذا سيكون مصير أديان الأقليات الدينية في بلد سيعطي بالضرورة الأولوية للمسيحية باعتبارها ديانة الأغلبية.

علما أن الإسلام قد اضطهد في فرنسا بحجة احترام مبدأ العلمانية، فمنعت الفتيات من ارتداء الحجاب ولجأ المصلون إلى المآرب بدل المساجد، التي لم تبن لهم، وسُمح بنشر الرسوم المسيئة لعقيدتهم،

وبحكم أن دستور ١٩٠٥ قد ضمن التوازن، على اعتبار أنه لا يعترف بأي من الأديان، لكنه في نفس الوقت يضمن حرية العبادة للجميع من دون تفرقة.

وبالتالي فإن دستور ١٩٠٥ يبدو وكأنه جاء لمنع هيمنة معتقد ديني على الآخر، حتى يعيش الجميع منصهرين بخصوصياتهم في بوتقة واحدة هي **"المواطنة"**، فهل ستكون **"إعادة إحياء الجذور المسيحية لفرنسا"**، كما دعا إليها سركوزي في روما مدعاة لأن تهمش عقيدة الأقليات؟

عندما يتحدث رئيس الفرنسي **"عن وجوب رجوع الكاثوليكيين إلى المجتمع الفرنسي"**، ويندّد بمن **"يريد قطع فرنسا عن جذورها المسيحية"**، فهل كان يفكر في مصير ثمانية ملايين فرنسي ممن يدينون بالإسلام؟ ألن يساهم التخلي عن علمانية الدولة في تفاقم مشكلة اندماج المسلمين في فرنسا الذين تنامى إحساسهم بالتهميش والاضطهاد؟

ولعل المشروع هو الحل السحري الذي اهتدى إليه سركوزي لمقاومة ظاهرة **"أسلمة"** فرنسا، تلك الظاهرة التي تؤرقه وتجعله يقف موقفاً حازماً يمنع تركيا من دخول **المجموعة الأوروبية**، ويجعله يغلق أبواب الهجرة في وجه الأفارقة والعرب، وينشئ وزارة لحماية الهوية الوطنية الفرنسية. إن الأسئلة التي يثيرها مثل هذا المشروع هي فعلاً مفتوحة على

كل الاحتمالات، وتؤدي بالضرورة إلى إنهاء علمانية الدولة الفرنسية التي
تعاقد عليها كل من المجتمع والدولة منذ ما يزيد على قرن من الزمان!

إشكالية العلمانية في الفكر العربي المعاصر[33]

عبد السلام محمد طويل

باحث مغربي

من المظاهر الأساسية لفقدان مجتمع من المجتمعات توازنه التاريخي وفاعليته الإبداعية في معركته الحضارية الطويلة، الإختلال العميق الذي يعتري بوصلة وعيه، وما ينتج عن ذلك من اضطراب وتشوش بالغ في

---

[33] موقع مجلة الديموقراطية المصرية — الرابط:

http://democracy.ahram.org.eg/News/262/%D8%A5%D8%B4%D9%83%D8%A7%D9%84%D9%8A%D8%A9-%D8%A7%D9%84%D8%B9%D9%84%D9%85%D8%A7%D9%86%D9%8A%D8%A9-%D9%81%D9%8A-%D8%A7%D9%84%D9%81%D9%83%D8%B1-%D8%A7%D9%84%D8%B9%D8%B1%D8%A8%D9%8A-%D8%A7%D9%84%D9%85%D8%B9%D8%A7%D8%B5%D8%B1.aspx

والوارد هنا مقتطفات وليس النص الكامل للمادة.

منظومة قيمه ومعتقداته ومعاييره ومفاهيمه، وهي الحالة التي عاناها ولا زال يعانيها المجتمع العربي الإسلامي منذ نكوص بل وانهيار نموذجه الحضاري، بدءًا بسقوط الأندلس، مروراً بالحملة الفرنسية علي المشرق.

في مثل هذه الحالة من عدم التوازن الحضاري عادة ما تتحول المفاهيم — بما تختزنه من دلالات معرفية ونفسية واجتماعية أصلية، وما تحيل إليه من سياقات تاريخية ومرجعية خاصة —، إلى مجرد شعارات منبتة الصلة عن إطارها التداولي، وهو ما ينطبق علي مفهوم العلمانية إلي حد كبير، إذ ما **"من شعار من شعارات الفكر العربي الحديث كان، وما يزال، مدعاة للبس وسوء التفاهم كشعار "العلمانية""**.

ولذلك نجد أن جل المقاربات العربية لإشكالية العلمانية تتميز بمنزع إيديولوجي واضح، بحيث يمكن التمييز في هذا الإطار بين اتجاه يعتبر أن العلمانية نزعة إلحادية تسعي إلي تهميش الدين وتنحيته عن التنظيم الاجتماعي والسياسي وفرض نظام سياسي واجتماعي مادي معاد لعقيدة المجتمع والأمة ومفصول عن مصادرهما الروحية والثقافية .. واتجاه عقائدي إيديولوجي ينطلق من أن العلمانية تعبر عن فلسفة معادية للدين ومقدساته ورموزه .. ويتخلل هذين الموقفين المتطرفين في كلا الجانبين اجتهادات أكثر اتزاناً واعتدالاً لا تقيم تعارضاً مطلقاً بين كل من المرجعيتين الدينية والعلمانية. في حين أن هناك اتجاها أكثر علمية وموضوعية ينظر إلي العلمانية في سياقها التاريخي والثقافي الغربي، ولا يصدر، في تحديد موقفه منها، عن أي مسبقات عقائدية أو إيديولوجية.

العلمانية ومعضلة العلاقة بين الدين والسياسة:

ووعياً بما يعتري هذا المفهوم/ الشعار، من التباس وسوء تفاهم بين مختلف الفرقاء الاجتماعيين يجب ان نشير إلى ان الحديث عن العلمانية وفهم مضمونها ومقاصدها وغاياتها ومستقبل العمل بها يتطلب التمييز مسبقا بين مستويين، الأول: هو مستوي الواقع الذي تسعي العلمانية، أو تفترض أنها تسعي إلي مواجهته، والثاني: هو مستوي التركيب النظري لهذا الواقع الموضوعي، أي إدراكه وتفسيره والكشف عن قوانين حركته واقتراح الحلول المناسبة للسيطرة عليه، انطلاقا من أن كل **"نظرية اجتماعية هي مزيج من تحليل الواقع في الإتجاه الملائم للقيم الإجتماعية السائدة، فالعلمانية تتضمن بالضرورة جانباً معرفياً قابلاً للنقاش العقلي والفلسفي، كما تتضمن جانباً قيمياً يشكل جزءًا من العقيدة التي تغذيها الآمال والآلام والمخاوف والتطلعات والمشاعر المختلفة في كل عصر ومجتمع"**.

وفي هذا الإطار يعقد برهان غليون: مقارنة بالغة الدلالة بقوله: **"بقدر ما كانت العلمانية الغربية اكتشافاً إيجابياً خطيراً ومبدعاً — بما أتاحته من فرص سياسية لفك الإشتباك الذي كلف المجتمع عشرات الحروب، بسبب الصراع علي الدمج بين الدولة والإعتقاد الفكري، تهدد العلمانية المتحولة إلي دين أو عقيدة بتخريب الوعي السياسي وتعميق الخلط بين سلطة الدولة ومذهب الفرد وعقائده — وبقدر ما**

ساعدت العلمنة في الغرب علي خلق شروط استقلال السلطة السياسية واطمئنانها علي نفسها وتطويرها لآليات ضبطها الذاتي، ومن ثم تطور مفهومها، وإنتاجها لدولة ديمقراطية، عملت مذهبة الدولة والسياسة في العالم العربي، باسم العلمانية التي تماهت مع الاشتراكية أو الليبرالية أو الحداثة عموماً، علي تسعير التنافس الشامل بين نخبتين وسلطتين أهليتين علي السيادة العليا، وعلي المشروعية، في إطار التنازع العقائدي، وليس في إطار الإنجازات العلمية. وهكذا فتحت الباب أمام الخلط أكثر فأكثر، بين سلطة السياسة وسلطة العقيدة وعدم التمييز بينهما، وبالتالي أمام تغذية الدولة الاستبدادية والتسلطية".

ولعلها الحقيقة التي جعلت المفكر التونسي "راشد الغنوشي" ينفي أن تكون للإسلاميين أية مشكلة مع الحداثة ولا مع العلمانية بالمعني الغربي. "فإذا كانت الحداثة في الغرب وفي الثورة الفرنسية قد صنعت الديمقراطية، وإذا كانت الحداثة في الغرب تمرداً علي الديكتاتورية، وتمردًا علي السلطة المكبلة للعقول وفتحاً لمجال التقدم وحرية الشعب، فإن العلمانية والحداثة في بلداننا تعني أمراً آخر هو تسلط النخبة الموالية لما وراء البحار والوصية علي المصالح الأجنبية علي الشعب وعلي تراثه ودينه وضميره"، "إذن فمشكلتنا ليست مع الحداثة أصلاً، فإذا كان الغرب قد اختار الحداثة بمعني سلطة الشعب، وحرية العقل في البحث والمساواة بين الناس وبمعني التعدد

السياسي والتداول علي السلطة عبر الاقتراع، وإذا كان الغرب دخل الحداثة أو العلمانية من بابه الخاص أي التراث اليوناني والروماني والمسيحي، فنحن أريد لنا أن ننسلخ عن كل ماضينا وعن ضميرنا وكل معتقداتنا. وكأن الحداثة ليس لها إلا معني واحد، وليس لها من باب إلا الباب الذي دخل منه الغرب أي إنه إذا كان الغرب قد تمرد علي الكنيسة فنحن لابد لنا أن نتمرد علي الدين، إن مشكلتنا ليست مع الحداثة وليست مع العلم ولا حتي مع العلمانية، إننا إذا إزاء حداثة مزيفة معناها الأساسي تسلط للأقلية المنعزلة علي الشعب وعلي الثروة وعلي الدين وعلي ضمائر الناس والعقول باسم الديمقراطية والحداثة والعلمانية والمجتمع المدني، وأحياناً باسم الإسلام ذاته".

وفي نفس السياق يذهب "**محمد مهدي شمس الدين**" إلى أن "الحضارة الإسلامية يمكن أن تنشئ مجتمعات مدنية، وبتعديل بسيط يمكن أن نسميها علمانية، وفي الوقت نفسه تكون دينية أو مبنية علي الشريعة، فإذا كان مفهوم المجتمع المدني يعني أن المجتمع يكون قادراً علي بناء مفاهيم ومقولات في تنظيم السلطة وتداولها وفي إدارة الشأن العام وفقاً للمعطيات الموضوعية البحثة، فإن المجتمع في الإسلام يمكن أن يكون علمانياً أو مدنياً وفي الوقت نفسه مستنداً إلى الشريعة".

وغير بعيد عن هذا التصور فقد دعا "**محمد أركون**" إلى تطوير المجتمعات الإسلامية وفقاً للنموذج العلماني انطلاقاً من أن "**الإسلام يسمح بالعلمنة والتمييز بين الديني والزمني علي عكس ما يتوهم الجميع**"، مشدداً رفضه لكل علمانية عقائدية متطرفة وداعياً، بالمقابل، إلي علمانية جديدة ومنفتحة.

لا يكل غليون من التذكير بأكثر من صيغة بأن العلمانية تعد في الأصل "**نظرية إجرائية سياسية**" تقضي بأن تتقاسم سلطة الدولة وسلطة الكنيسة الحكم علي الإنسان لصالح المجتمع (المسيحي) ولوقف النزاع المزمن داخله، حيث اعترفت الدولة في هذه التسوية للكنيسة والدين بالسلطة علي الروح، واعترفت الكنيسة مجبرة للدولة بالسلطة علي الجسد والعدل المادي. وبهذا المعني "**لم تكن العلمانية تهدف إلا إلي كسر القيد الذي كان الدين قد فرضه علي تيار الحياة، ومن ضمنه حركة الإجتماع السياسي، فمنعها من تكوين الدولة والسياسة المدنية، وأكرهها علي البقاء في إطار الكنيسة كنظام للجماعة وللمجتمع الديني الذي يجد تعبيره المدني المواكب والموافق في التنظيم المدني الإقطاعي، أي في غياب الدولة المركزية .. وهكذا ساعدت العلمنة علي فض الاشتباك بين أطراف النزاع الاجتماعي، وتحييد بعض المجالات، وإنقاذها منه، وخلق أرضية مشتركة لنمو روح الأمة والجماعة والمعرفة الموضوعية. وبإضعافها للسلطة الكنسية المؤسسية ساعدت العلمانية علي إعادة إشعال جذوة الإيمان**

الشخصي وحررت الضمير الشخصي المسيحي ودعمت الشعور بالمسئولية الفردية، لقد كانت التعبير عن نهاية عصر محاكم التفتيش، وتحرير الإنسان من سلطة كنسية خانقة"، وهكذا ترتفع العلمانية إلى مستوى "**عقيدة في الإصلاح الديني**" أعادت ثقة الإنسان بعقله وصالحت بينه وبين الحقيقة الدنيوية .. وقامت بالتالي بإطلاق الجهد الحضاري البشري الذي كاد أن يموت، كما أطلقت قوي العلم والإيمان نفسها، وفتحت أبواباً جديدة للأمل في الحياة والمستقبل، وفي إحياء الأمم وتجديد الدين، وكان من نتيجة ذلك أن الدين أصبح يعني الصدق في المشاعر والاعتقادات والمواقف في قضايا الحياة، وقضايا الدين معاً. وبهذا المعني أدت العلمنة إلى تنقية الشعور الديني وجعل المعاملة الحسنة أصل الدين في مقابل المظاهر الطقوسية المظهرية.

. . . .

. . . .

. . . .

. . . .

. . . .

أما في العصر الحديث وتحديداً في تركيا، فقد انقسم المجتمع بعد أن اتخذ الدين شكل طرق صوفية كادت أن تصير بمثابة كنيسة رسمية،

معادية لكل ما هو عصري (بما في ذلك المطبعة) وهو ما أسهم في تمهيد الطريق لأتاتورك لفرض النموذج العلماني علي الطراز الفرنسي.

أما علي مستوي الحياة العامة، فيلاحظ الترابي كيف تكرست العلمنة وغربة الإسلام علي يد الإمبريالية الغربية التي عملت علي تفكيك البني الإسلامية وعلي تدمير مؤسساتها العامة، فسنت القوانين الوضعية وأحلتها محل الشريعة، وأنشأت المؤسسات العلمانية من جيش وإدارة وأجهزة خدمة مدنية ومرافق اقتصادية.

العلمانية بين السجال الإيديولوجي والتسويغ الفلسفي:

ومقابل الرؤية التي تبحث عن أرضية للتواصل والحوار

. . . .

. . . .

نصطدم برؤية سجالية أخري لدي سمير أمين، وعادل ضاهر، وعزيز العظمة الذي يجزم في حتمية ويقين راسخ أن **"مسيرة التاريخ الكوني آيلة إلي العلمانية، وأن مسيرة التاريخ الإجتماعي والثقافي محكومة بهذا المسار، علي الرغم من الصراعات الطبيعية التي تستثيرها هذه المسيرة مع القوي المحافظة الذي أضحي الدين علما عليها"**. الأمر الذي يعترض عليه الباحث (Turner S.Bryan) في دراسته الموسومة: **"ماكس فيبر والإسلام : دراسة نقدية"** مشدداً علي أن من ينظر إلي العلمانية نظرة حتمية وكونية يعد مخطئاً، لأنه يتجاهل الطابع

السوسيولوجي للعلمانية وتفاوت تطورها نسبة إلى اختلاف الأنماط الثقافية والإقتصادية للمجتمعات. ومن ثم فلا مناص من اتباع الخيار العلماني كخيار عقلاني وحيد، حيث يجري استبعاد البعد الديني كلياً، وهو ما كشفته مناقشة كل من وجيه كوثراني ورضوان السيد لكتاب: "**العلمانية من منظور مختلف**".

فرغم أن العظمة ينبه أن العلمانية ليست تصوراً ثابتاً أو معطي جاهزاً إلا أن محاكمته الصارمة للعلاقة بين الدين والسياسة تكشف عن تصور عقائدي للعلمانية يرتقي بها إلي مستوي "**الدين البديل**". ومن جهة أخري يستنتج العظمة أن التجربتين البيزنطية — المسيحية، والإسلامية — الخليفية متشابهتان فيما يتصل بعلاقة الدين بالدولة بدعوي استنادهما إلي التراث الشرقي من جهة، وإلي الفكرة التوحيدية من جهة ثانية.

وتبعاً لذلك فالخليفة المسلم علي غرار الإمبراطور البيزنطي وظف الدين وطوعه لصالحه، كما أن المسيحية، علي غرار الإسلام، نشأت فيها مؤسسة كهنوتية تحالفت مع السلطة وعملت علي تحقيق مخططاتها، كما أن السلطة في عالم الإسلام سلطة باتريمونيالية (وراثية مطلقة) مثلها مثل الإمبراطورية والقيصرية، وبذلك تتشابه التجربتان البيزنطية والإسلامية من حيث أن الدولة سابقة في الوجود علي الدين ومشاركة في صنعه وصنع دوره الإجتماعي. وهي رؤية "**وهمية لا تاريخية**" علي حد تعبير رضوان السيد، الذي شدد بدوره أن الفصل "**لم يكن بين الدين والدولة، بل**

بين الشريعة والسياسة، بحيث بقيت للدين في المؤسستين مرجعيته العليا وجري تخصص مجالي بين السياسة والشريعة".

. . . .

. . . .

. . . .

تعد محاولة عادل ضاهر من خلال كتابه: **"الأسس الفلسفية للعلمانية"** من أبرز المقاربات الفلسفية التسويغية للعلمانية، حيث نجده يحدد منذ البداية إشكاليته أو الأحري مقصده ومنهج مقاربته بقوله: **"إن غرضنا الأساسي هو أن نبين، عن طريق اللجوء إلي اعتبارات فلسفية خالصة (ابستيمولوجية ومنطقية أو مفهومية)، أن الموقف العلماني هو موقف لا مفر منه من منظور عقلاني، وأن مفهوم الدولة الدينية مرفوض من حيث المبدأ"**.

ليحدد بذلك، وبشكل مسبق، نتيجة بحثه وهي هنا جاهزة لا تحتاج منه لإقرارها إلا البحث عن مسوغات تعمل علي تبريرها، فهو لا يضع فرضيات ليختبر مدي صحتها وتحققها الفعلي بناء علي معطيات نظرية وموضوعية، وإنما يضعنا أمام مفاضلة معيارية إيديولوجية منذ البداية تقوم علي عملية نفي وإثبات نفي ليس فقط للدولة الدينية، وهو نفي تأكده التجربة السياسية التاريخية للدولة الإسلامية رغم سلبيتها، كما لا يجمع عليه معظم رموز الفكر الإسلامي الحديث والمعاصر، وإنما نفي

المرجعية الدينية نفسها. وإثبات وتأكيد ليس فقط للدولة العلمانية كإطار سياسي ودستوري لفض الاشتباك بين الديني والمدني، وإنما كذلك للمرجعية العلمانية في بعدها الفلسفي والإيديولوجي.

وفي هذا الإطار يتصدى لنقض المفهوم السائد حول العلمانية انطلاقاً من تعريفها بالأغراض التي استهدفت تحقيقها الحركات العلمانية في الغرب. وهو فهم لا يتردد الباحث في نعته بالسطحية لأنه لا ينظر إلي العلمانية من منطلق كوها، تمثل بشكل أساسي، موقفاً من الإنسان والقيم والدين، ولا من منطلق كوها موقفا إبستولوموجياً، أي موقفاً من طبيعة المعرفة العلمية ومن نوعية علاقتها بالمعرفة الدينية .. فالعلمانية وفقاً لهذا التصور تتجاوز بمجرد العمل علي تحديد وضبط العلاقة بين السلطتين الزمنية والدينية، وإنما تراهن، أكثر من ذلك، علي معرفة ما هو الموقف الصحيح من طبيعة الدين وطبيعة الإنسان وطبيعة القيم، وكيف ينبغي أن نفهم، من الوجهة الابستيمولوجية، العلاقة بين الدين والقيم.

وبصيغة أكثر تحديداً، فإن عادل ضاهر ينطلق من أن "**الفصل بين السلطة الزمنية والسلطة الدينية**" يقوم أو ينبغي أن يقوم علي فصل من نوع أعمق، "**أي علي فصل ابستيمولوجي ومنطقي بين الدين والسياسة**".

يميز ضاهر بين علمانيتين الأولي صلبة والثانية لينة، فأما **العلمانية الصلبة** فهي التي تتخذ من الاعتبارات الفلسفية مرجعيتها وأساسها

الأخير. ومن ثم فإن الخاصية الأساسية التي تميز موقف **"العلماني الصلب"** هو كونه موقفاً لا يتخذ من الاعتبارات السوسيولوجية أو التاريخية أو الأخلاقية أو النفسية أساساً أو مسوغاً أخيراً له، خلافاً للعلماني اللين، أي أن توافر هذه الاعتبارات أو عدم توافرها لا يؤدي بحال من الأحوال إلي تخليه عن موقفه العلماني.

إن العلمانية بهذا المعني لا تقوم علي اعتبارات جائزة أو ممكنة وإنما تقوم علي اعتبارات ضرورية. إنها تعني، من جهة أولي، أن العلاقة بين الروحي والزمني، بين الديني والسياسي، لا يمكن أن تكون أكثر من علاقة موضوعية، أي علاقة تفرضها ظروف تاريخية معينة، وما يستتبع ذلك من أن علاقة كهذه لا يمكن أن تنبع من الماهية العقائدية للدين. الأمر الذي جعل عادل ضاهر يستنتج أن محاولة الربط مفهومياً، بين الدين والدولة لا يمكن إلا أن تؤدي إلى جعل المنظومة الاعتقادية للدين منظومة غير متماسكة مفهومياً.

ومن جهة أخري، فإن **العلمانية الصلبة** تعني أن المعرفة العملية، أي المعرفة اللازمة لتنظيم شؤون المجتمع السياسية والإدارية والاقتصادية والقانونية لا تجد ولا يمكن أن تجد أساسها النهائي في المعرفة الدينية.

إن العلمانية هنا، تغدو بمثابة عقيدة مطلقة ومرجعية متعالية عن أي شرط موضوعي بدعوي أنها سابقة عليه، ولذلك فهي ليست علمانية صلبة وإنما أكثر من ذلك علمانية **متصلبة**. إن ما يعطي لهذه العلمانية،

صلابتها هو طابعها الفلسفي، وهنا وجه المفارقة ذلك أن المعرفة الفلسفية ليست معرفة موضوعية دائماً، فالطابع الذاتي فيها فاقع الظهور كما أن "الموقف الفلسفي بطبيعته موقف عقائدي كلي".

أما **العلمانية اللينة**، فهي التي تقوم علي تسويغ الموقف العلماني بناء علي اعتبارات تاريخية أو سوسيولوجية أو نفسية أو دينية. كما أن العلمانية تتحدد لدي عادل ضاهر بمفهوم الاستقلالية: استقلالية العقل الإنساني واستقلالية الإنسان بالنظر إلي كونه كائنا أخلاقياً، معتبراً أن العلمانية شرط ضروري إلا أنه غير كاف لضمان استقلالية الإنسان عقليا وأخلاقياً.

فما دام الاحتكام إلي العقل هو الفيصل الأخير في كل الشؤون المعرفية، فإن استقلالية العقل، من الوجهة الابستيمولوجية، تعد تامة ومطلقة، وإذا كانت اعتبارات ابستيمولوجية معينة تتصل بطبيعة المعرفة الإنسانية هي التي تفسر استقلالية العقل الإنساني، فإن ما يفسر استقلاليته كفاعل أخلاقي لا يمت بصلة لأية اعتبارات ابستيمولوجية، وإنما تنبع أساساً من طبيعة قراراته الأخلاقية من ناحية، ومن طبيعته الأخلاقية والعقلانية من ناحية ثانية، ما دامت الاستقلالية سمة متماهية مع الرشد وامتلاك الإنسان لقواه العقلية، وما دامت بمثابة التوءم للمسؤولية الأخلاقية،(من الواضح هنا أننا بصدد نزعة كانطية واضحة لم تنجح محاولات الباحث الإنكارية نفيها).

وهكذا تغدو إشكالية الباحث: هل العلاقة بين الدين والدولة في الإسلام بجرد علاقة تاريخية موضوعية أم أنها، أكثر من ذلك، علاقة مفهومية ضرورية وهي الإشكالية التي لا يمكن الحسم فيها — حسب عادل ضاهر — إلا عن طريق المعالجة الفلسفية لقضايا ذات طابع ابستيمولوجي ومنطقي مفهومي، يقول: "إننا بحاجة إلي أن نلجأ إلي اعتبارات منطقية مفهومية لنتبين ما إذا كان بالإمكان الربط علي نحو ضروري بين الإسلام والدولة. فإذا كان ثمة شيء في طبيعة الدين أو طبيعة القيم أو طبيعة الألوهية يتنافي مع الاعتقاد بوجود رباط ضروري بين الاسلام والسياسة، فإن هذا يمكن اكتشافه عن طريق تحليلنا للطبيعة المنطقية للدين أو للقيم أو الألوهية وليس عن طريق اللجوء إلي نص ديني أو آخر".

إلي هنا نلاحظ أن الباحث يعطي الأولوية في التحليل والمقاربة لما هو ماهوي ومفهومي ومنطقي بجرد علي حساب ما هو تاريخي وموضوعي لمعالجة إشكالية ذات طبيعة تاريخية وسياسية بامتياز. كما نلاحظ أن الباحث، في سعيه إلي تحديد موقف الإسلام من السياسة والتنظيم الاجتماعي بشكل عام، يقفز، في مفارقة صارخة، علي النص المرجعي ويعمل علي تهميشه ليس بدافع الاحتكام إلي التاريخ الموضوعي، وإنما بغرض الاحتكام إلي تجريدات منطقية متعالية عن كل ما هو تاريخي وسوسيولوجي وسياسي.

وفي هذا الإطار فإن عادل ضاهر لم يكتف بالرصد المنطقي لهذه العلاقة وإنما حاول الاعتماد، بشكل أساسي، علي الرصد الابستيمولوجي لها انطلاقاً من تساؤلين محوريين:

— ما هو نوع المعرفة أو المعارف المطلوبة لتنظيم المجتمع سياسياً وقانونياً واقتصادياً؟

— هل هذه المعارف المطلوبة بغرض تنظيم المجتمع تجد مرجعيتها الأخيرة في المرجعية الدينية بحيث لا يمكن اشتقاقها إلا منها أم تجد مرجعيتها خارجها؟

إن هذين التساؤلين يفترضان أن تنظيم المجتمع لا يتم إلا بناء علي نمط واحد ووحيد للمعرفة في حين أن التجربة التاريخية تثبت أن المجتمعات الإنسانية قد تم تنظيمها بمختلف أنماط المعرفة السحرية والأسطورية والميتافيزيقية والدينية والعلمية، أي أن التنظيم الاجتماعي لا تحكمه دائماً مصادر المعرفة العقلانية، وإنما تحكمه كذلك مصادر المعرفة اللاعقلانية بما في ذلك المجتمعات الأكثر تقدماً وحداثة، إذ غالباً ما يتداخل ما هو عقلاني بما هو غير عقلاني في بنية التنظيم الاجتماعي للأمم.

إن أزمة الخطاب العلماني العربي، وخاصة العقائدي منه، تعد، قبل كل شيء، أزمة مفارقته لشروطه التاريخية والاجتماعية والثقافية وكذا نخبويته واغترابه .. لأن الأفكار والمفاهيم لا تستمد قوتها وفاعليتها من

مجرد تماسكها المنطقي الذاتي، وانسجامها الداخلي، وإنما من مدى قدرتها على الاستجابة والإجابة الفعلية على أسئلة الواقع التاريخي وما تقتضيه .. وبالتالي فإن أزمة الواقع الذي يفترض أن تعقلنه العلمانية العربية ليست أزمة مفهومية أو نظرية فحسب، وإنما هي أزمة تاريخية شاملة لا يمكن تجاوزها، كما توهم عادل ضاهر، بمحاولات نظرية مفهومية تبرز نوعية الاعتبارات الفلسفية المفهومية والمنطقية والابستيمولوجية التي يقوم عليها أو ينبغي أن يقوم عليها الموقف العلماني، وإنما تحتاج إلى تحولات تاريخية موضوعية وإلى حامل اجتماعي يؤمن بها ويعمل على تنزيلها.

غير أن هذا لا يعني التقليل من أهمية وجدوى المقاربة الفلسفية للإسهام في تجاوز المأزق التاريخي والحضاري الذي تعانيه المجتمعات العربية الإسلامية. غير أن هذه المقاربة، حتى تنهض بوظيفتها المعرفية والتاريخية على أحسن وجه، يتحتم أن تتصف بقدر أكبر من الموضوعية والتجرد المعرفي.

وبالمقابل يؤسس الباحث على افتراض أن العلاقة بين الدين والدولة في الإسلام ليست بمجرد علاقة تاريخية وإنما هي علاقة ضرورية منطقياً ومفهومياً، أن الإنسان لا يمكنه أن يعرف، باستقلال عن اللجوء إلى تعاليم الإسلام، كيف ينظم شؤون حياته الاجتماعية والسياسية والقانونية والاقتصادية. واضح بشكل جلي أن هذا الافتراض وكذا النتيجة التي رتبها عليه عادل ضاهر تتناقض مع حقيقة أن مسألة التنظيم الاجتماعي عموماً وفي التاريخ الإسلامي خصوصاً، إنما هي مسألة اختيار

اجتماعي تبعاً لدرجة الوعي وحيثيات التطور التاريخي العام لمجتمع من المجتمعات.

وحينما يصطدم عادل ضاهر باجتهادات تكشف عن الطابع المفارق للعلمانية العربية انطلاقاً من غياب شرطها ومبررها التاريخي، أي غياب الدولة الثيوقراطية في الإسلام وفي التاريخ الإسلامي عموماً، فإنه يعتبر أنه الدولة الثيوقراطية ما هي إلا شكل من أشكال الدولة الدينية، وبالتالي فإن ماهية هذه الأخيرة لا تتحدد، بالضرورة، بوجود مؤسسة كمؤسسة الكنيسة، وإنما تتحدد بشيء أعمق من هذا بكثير والمتمثل أساساً في **"الطابع الكلياني للدولة الدينية"**.

وهذا الطابع الكلياني يتحدد بوجود مرجع مطلق في كل الشؤون الدينية والدنيوية بغض النظر عن وجود وسطاء بين الخلق وبين هذا المرجع المطلق الذي هو الله، أي أن الأساس الذي يرفض علي أساسه العلماني الدولة الدينية، بغض النظر عن طبيعة الجماعة التي تقوم بالسيطرة علي مقدراتها، يرتبط أساساً بكون هذه الجماعة تسعي إلي إقامة دولة يكون فيها الدين هو المرجع الأخير في كل الشؤون الروحية والزمنية علي حد سواء.

والواقع أن هذه الهيمنة الدينية، إن وجدت، لا يمكن الرد عليها بالعلمانية لأن هذه الأخيرة قد تتحول بدورها علي مستوي الخطاب قبل الممارسة، إلي **دوجما** أو دين يراد فرضه بالقوة من طرف أقلية علي

الأغلبية. وكما سوف نري فإن مواجهة الدولة الدينية لن تتم إلا من خلال الدولة الديمقراطية العقلانية. فإذا كان الغرض الأخير للعلمانية، الذي بفضله تتحدد السمات الضرورية لمفهومها، هو تقويض الأسس التي يقوم عليها مفهوم الدولة الدينية، ألا يؤدي غياب هذه الدولة إلي إلغاء المبرر التاريخي والسياسي وحتي الفلسفي لوجود العلمانية في مجتمع من المجتمعات.

....

....

....

إن المشاكل الناجمة عن سيطرة الدولة علي الدين لا تقل خطورة علي الدين والسياسة والإجتماع الإنساني عموماً من سيطرة الفكرة اللاهوتية أو الثيوقراطية، ولكنها ليست نفسها، وبالتالي لا يمكن معالجتها بالمنهج نفسه. إنها تتعلق دون شك بإشكالية واحدة هي علاقة الدين بالدولة أو بالأحري علاقة السلطة الدينية بالسلطة العمومية والمشاكل التي يثيرها الخلط بينهما. لكن ذلك لا يؤدي بالضرورة إلى نفس النتائج. ولعل أهم هذه النتائج وأكثرها أثرا يتعلق بالدولة ذاتها.

إن الدولة التي تركن إلي الدين بغرض بناء شرعيتها عادة ما تفقد الحاجة إلي بناء المؤسسات التشريعية والقضائية الضرورية لبلورتها، كما تفقد الباعث للبحث عن سند بشري لدعم هذه المؤسسات. وهو ما

يفسر كون "**الدولة العربية التقليدية دولة متقلبة ومنقطعة في تاريخها تظهر وتموت وتتجدد دون توقف، ودون تراكم حقيقي للتقاليد السياسية، أي دون نمو للسياسة فيها كحيز مستقل وشعبي**". وهو ما يفسر كذلك عدم اكتشافها وتطويرها لمفهوم السيادة الشعبية بالرغم من العناصر الإيجابية التي كانت في حوزتها والتي كان من الممكن لها أن تستغلها لإنتاج هذا المفهوم كالشوري والبيعة والولاية بمختلف أشكالها، وهو ما منعها في المحصلة الأخيرة من ترجمة هذه المفاهيم الكبري من مبادئ أخلاقية سياسية إلي مؤسسات سياسية وعملية حية وفاعلة.

تؤكد التجربة التاريخية أن العلمانية ما كانت لتكتسب شرعيتها في المجتمعات الغربية لولا تحولها إلي عقيدة تحرر للعقل والإنسان وبجاحها في انتزاع الدولة من براثن الكنيسة وجعلها (أي الدولة) مقراً للحريات الفردية والجماعية ومجالاً حيادياً من الناحية الفكرية والعقيدية "**فباستبعادها الصراع الفكري من داخل الدولة واستبداله بالصراع السياسي علي برامج محددة، لا علي فلسفات كونية، سمحت بإيجاد الإطار العام الذي يشعر ويعيش فيه الجميع وطنيتهم بصرف النظر عن مذاهبهم. في حين يبقي الصراع الفكري والمذهبي حراً في مستوي المجتمع المدني، أي خارج الدولة ويخضع لقانون المنافسة والتباري في الإبداع والعقلنة الذاتية**".

غير أن إنجاز ذلك يتوقف علي تأكيد مبدأ التداول الحقيقي والسلمي للسلطة العمومية المحايدة مذهبياً. وهو ما يمثل الضمان الفعلي

للحق المتساوي في النفاذ إلى الدولة لجميع جماعات المصالح والمذاهب وفقاً لمعايير وقواعد واحدة، وضمن شروط محددة. لكن "**إذا تعلمنت الدولة دون أن تستطيع هذه التجمعات المتنوعة أن تنفذ، حسب الشروط الواحدة إلي السلطة، أي إذا حصلت العلمانية في إطار الديكتاتورية بدون وجود آلية حقيقية للتداول الديمقراطي للسلطة فإنها تتحول، كما كان الحال في الدول الشيوعية وبعض الدول العربية إلي غطاء للسلطة المذهبية، وهو أصل الطائفية الدينية والمذهبية**".

لذلك فإن جوهر حل مشكلة العلاقة بين الدين والدولة في كل مكان وكل زمان، هو "**بلورة قاعدة ثابتة وواضحة لتوزيع السلطات الاجتماعية بما في ذلك السلطة الدينية .. وتوزيع السلطات هو التعبير عن توزيع المهام والمسؤوليات في تسيير وتكوين النظام الاجتماعي، وهو بالتالي أساس هذا النظام وبدونه لا يمكن أن يعيش المجتمع إلا في حالة التخبط والصدام الدائم بين الصلاحيات والسلطات المتعددة**". علماً أن الأمر لا يتعلق بمسألة اختيار بين قيم ومنظومات قيم دينية وغير دينية، وإنما هي مسألة عقلنة الممارسة الاجتماعية، انطلاقاً من أن المجتمع كل واحد لا يتجزأ، وبالتالي لا يمكن الفصل فيه علي المستوي العملي، بما هو صيرورة متكاملة بين الدين والسياسة والدولة والمجتمع والأخلاق والاعتقاد، ولكن ما دامت هذه الصيرورة تزخر بتعدد القوي والسلطات والمصالح والأهداف، فقد أضحي من اللازم إبداع نظام يعمل علي ترتيب العلاقة بين هذه السلطات،

٢٧٤

وتحديد قواعد التعامل فيما بينها كشرط مسبق لاستقرار وتوازن النظام المدني.

....

....

خاتمة:

الواقع أن قدراً كبيراً من الاختلاط الراهن في طرح مسألة العلمانية، من حيث هي تحديد لعلاقة الدين والدولة في الفكر العربي، ناتج عن عدم فهم مسألة العلاقة هذه كتوزيع للسلطات، والنظر إليها من منظور التناقض بين قيم متنافية: قيم الدين **"القديمة"** وقيم الدولة **"الحديثة"**.

كما أن هذا الاختلاط ما كان ليحدث **"إلا لأن الدولة تشعر أنها حاملة لقيم مختلفة ومتناقضة مع قيم الدين**، وهذا الشعور ما كان من الممكن أن يحصل لو لم تصبح الدولة الراهنة جزءًا من السياق العالمي التاريخي الجديد الذي نشأت فيه، وثمرة من ثمراته،

أكثر مما هي التعبير الحقيقي عن الإجماع المحلي أو الإرادة العامة".

ذلك أن الوضع الطبيعي يقتضي أن لا "يوجد بين دين مجتمع ما وسياسته تناقض جذري في القيم، لأن السياسة لا تكون كذلك، ولا تكون مشروعة، إلا بقدر ما تطرح نفسها كوسيلة مدنية دنيوية لتحقيق الأهداف والقيم والمثل الاجتماعية النابعة من الإيمان أو من الاجتهاد العقلي والعرف والعادة معاً. ولا تستطيع بأي شكل من الأشكال أن تقف ضد هذه القيم أو تقوم بمجابهتها وتبقي". ذلك أن قيم السياسة لا يمكن أن تصدر عن شيء آخر غير معتقدات المجتمع وإيمانه، وإلا أصبحت السياسة نفياً لهويته الوطنية. إنها التمييز بين مهام رجال الدين ومهام رجال الدولة. وفصل بين صلاحيات لا بين أنماط وقيم عيش.

. . . .

. . . .

. . . .

www.ingramcontent.com/pod-product-compliance
Lightning Source LLC
Chambersburg PA
CBHW070109260726

48658CB00001B/48